U0944699

数字时代的品牌传播

（下）

李慧莲◎主编

中国财富出版社有限公司

图书在版编目（CIP）数据

数字时代的品牌传播. 下册 / 李慧莲主编. —北京：中国财富出版社有限公司，2021. 12
ISBN 978-7-5047-7622-8

Ⅰ. ①数…　Ⅱ. ①李…　Ⅲ. ①品牌—传播—营销策划　Ⅳ. ① F274

中国版本图书馆CIP数据核字（2021）第272873号

策划编辑　李　如　　**责任编辑**　邢有涛　李　如　沈安琪　　**版权编辑**　李　洋
责任印制　梁　凡　　**责任校对**　卓闪闪　　**责任发行**　杨　江

出版发行　中国财富出版社有限公司
社　　址　北京市丰台区南四环西路188号5区20楼　　**邮政编码**　100070
电　　话　010-52227588 转 2098（发行部）　010-52227588 转 321（总编室）
010-52227566（24小时读者服务）　010-52227588 转 305（质检部）
网　　址　http: //www.cfpress.com.cn　　**排　　版**　北京嘉美和数字传媒科技有限公司
经　　销　新华书店　　**印　　刷**　天津奥丰特印刷有限公司
书　　号　ISBN 978-7-5047-7622-8/F · 3417
开　　本　710mm × 1000mm　1/16　　**版　　次**　2022 年 6 月第 1 版
印　　张　33.5　　**印　　次**　2022 年 6 月第 1 次印刷
字　　数　531 千字　　**定　　价**　158.00元（全2册）

“品牌传播研究”课题组

（按姓氏音序排列）

课题总顾问

马建堂　国务院发展研究中心党组书记，研究员

课题执行总顾问

隆国强　国务院发展研究中心副主任，研究员

课题顾问

刘平均　原国家质量监督检验检疫总局副局长、中国品牌建设促进会理事长、国际标准化组织品牌评价技术委员会顾问组主席、国家标准委原主任

王　越　中国科学院院士、中国工程院院士

余　斌　国务院发展研究中心副主任，研究员

翟惠生　中华全国新闻工作者协会原党组书记、常务副主席，高级记者

课题专家委员会

包月阳　国务院发展研究中心信息中心三级职员，编审

才大颖　中国工艺美术学会理事长、品牌中国战略规划院副院长，教授级高工

董关鹏　中国公共关系协会副会长、中国传媒大学国家公共关系与战略传播研究院院长、博导，教授

杜建刚　南开大学商学院博导，教授

胡　钰　清华大学新闻与传播学院党委书记、文化创意发展研究院院长、博导，教授

廖　菲　中国人民大学社会与人口学院副教授

彭泗清　北京大学光华管理学院营销学系博导，教授

王　辉　中国经济时报社党委书记、社长、总编辑，研究员

王忠宏　中国发展出版社党总支书记、社长，国研智库董事长，研究员

余明阳　中国品牌学会品牌战略委员会主任、上海交通大学品牌研究所所长

赵昌文　中国国际发展知识中心主任，研究员

课题负责人

李慧莲　国务院发展研究中心办公厅（人事局）一级巡视员，编审

课题执笔负责人

董盟君　人民网舆情数据中心执行主任、北京人民在线网络有限公司总经理，高级编辑

高庆鹏　国务院发展研究中心对外经济研究部第一研究室主任

胡百精　中国人民大学副校长，教授

蒋希蘅　中国国际发展知识中心副主任，研究员

李曜坤　国务院发展研究中心公共管理与人力资源研究所综合研究室副主任，研究员

刘　菁　北方工业大学文法学院广告学系讲师、博士

孙明泉　光明网原总编辑，高级编辑

谭晓东　北京标研科技发展中心主任、国家级检验检测主任评审员

陶平生　贵州省贵阳市委副书记（正厅长级），研究员

王洪波　人民网舆情数据中心危机应对专家、舆情应急小组组长

王　擎　北京工商大学传媒与设计学院院长，教授

课题协调人

赵海娟　中国发展出版社总编室主任

中国经济时报社参与本课题采访调研成员

陈　婧　陈凌馨　窦滢滢　郭锦辉　韩清华　胡　畔　黄俊溢

姜业庆　龙　昊　罗赟鹏　马　会　潘英丽　王晶晶　王静宇

王丽娟　魏昊星　张海生　张李源清　张　丽　张丽敏　张　娜

张一鸣　赵海娟

研究助理

任　超　邵靖隆　徐晶琳　徐　谭　颜　冬　杨崇伟　周晓辉

目　录

上　册

第一部分　总报告

第二部分　专题报告

下　册

第三部分　人物访谈

（以刊发时间先后为序）

第四部分　调查报告

（以刊发时间先后为序）

第五部分　六省调研新闻报道

（以刊发时间先后为序）

第三部分

人物访谈

（以刊发时间先后为序）

编者按：

当前，国际市场已经从商品消费进入品牌消费，品牌消费也已成为中国居民消费的主流。品牌建设日益受到党和政府的高度重视，习近平总书记提出推动中国制造向中国创造转变，中国速度向中国质量转变，中国产品向中国品牌转变；2016 年 6 月，国务院办公厅印发《关于发挥品牌引领作用推动供需结构升级的意见》，力促品牌经济的发展。为准确了解当前中国品牌建设与传播的现状，分析存在的问题并提供决策建议，《中国经济时报》特开设“品牌建设与传播权威访谈”栏目，邀请国内外品牌建设与传播研究领域的权威学者、企业家、政府官员以及相关协会负责人等进行一系列访谈解读，以期为相关人士提供决策参考。

推动“中国产品”向“中国品牌”转变

——访中国品牌建设促进会理事长刘平均

“习近平总书记高瞻远瞩地提出了‘三个转变’的重要指示，对推动我国品牌建设从初级阶段进入更高阶段具有重要意义。”全国政协委员、国务院科技战略专家、中国品牌建设促进会理事长刘平均在接受《中国经济时报》记者专访时表示。

品牌是企业乃至国家核心竞争力的综合体现，也是经济全球化中重要的要素资源。但我国品牌发展滞后于经济发展，我国拥有的国际知名品牌数量与世界第二大经济体的地位极不相称。目前，国际市场已经从商品消费进入品牌消费。根据国际经验，一个国家人均国内生产总值达到3000美元时，就开始进入品牌消费时代。2015年，我国人均国内生产总值已达到7900多美元，品牌消费已经成为居民消费的主流。

在这种大背景下，党的十八大以来，品牌建设日益受到党和政府的高度重视。习近平总书记提出推动中国制造向中国创造转变，中国速度向中国质量转变，中国产品向中国品牌转变；李克强总理在2015年《政府工作报告》中，提出加强质量、标准和品牌建设。2016年6月，国务院办公厅印发《关于发挥品牌引领作用推动供需结构升级的意见》。这种大趋势对中国品牌建设来讲究竟意味着什么？如何才能加快“中国产品”向“中国品牌”的转变步伐？如何在全球新的竞争格局中处于有利位置？带着这些问题，《中国经济时报》记者专访了对我国品牌建设领域有着深入研究的刘平均。

我国品牌建设还处于质量提升的阶段

《中国经济时报》记者：在 2016 年 Interbrand 公布的 2015 年全球最佳品牌 100 强榜单中，我国仅有华为和联想两家企业入围，且排名都比较靠后，品牌价值也较低。你对我国目前的品牌建设所处阶段有何认识？

刘平均：我认为，我国的品牌建设还处于初级阶段，也就是产品质量的提升阶段。从宏观上讲，按照经济发展阶段来区分，我国经济还处于质量经济阶段。为何这样说呢？第一，我国 2016 年上半年监督抽查的产品质量合格率是 90.3%，而中等发达国家的总体质量水平一般在 95%以上，发达国家的质量总体水平在 98%以上，我们与它们的差距还很大。第二，假冒伪劣问题还屡禁不止。第三，国家“十三五”规划提出质量品牌工程，把质量提升作为品牌建设的一个重点。

品牌经济的价值内涵是不断发展的。我认为，品牌价值发展可以分为七个阶段，分别是价格经济阶段、服务经济阶段、质量经济阶段、品牌经济阶段、绿色经济阶段、健康经济阶段、和谐经济阶段。人们在经历了重视产品的价格因素、服务因素、质量因素后，应该说，现在全球进入了品牌经济阶段。有一个重要的数据说明了这一点：20%的知名品牌拥有 80%的国际市场份额。而这也是经济全球化发展的一个必然结果。

非常可贵的是，习近平总书记在我国还处在质量经济阶段的时期，就高瞻远瞩地作出了“三个转变”的重要指示，即“中国制造向中国创造转变，中国速度向中国质量转变，中国产品向中国品牌转变”。实际上，这“三个转变”就是指从质量经济阶段转变到品牌经济阶段，为我们下一步的经济转型升级指明了方向。

缺乏核心技术和天使投资机制是当前的最大制约

《中国经济时报》记者：目前我国拥有的国际知名品牌与经济成就相比极不相称。你认为，我国在品牌建设和传播方面存在的问题主要有哪些？

刘平均：我认为，当前我国在品牌建设方面存在的问题是多方面的，但最主要的有两个。一是缺乏具有知识产权的核心技术。近期在欧洲举行的一个百年世界级发明成果展览上，我国一个成果也没有。实际上，我在调研中发现，我国一些企业拥有核心技术，但由于我国对知识产权、发明专利保护力度不够等原因，只能选择将技术卖掉，很可惜。二是从投资机制上，我们缺乏支持品牌建设的天使投资机制。也就是这种有知识产权的，尤其是以发明专利为切入点的、中长期的品牌培育的项目得依靠天使投资。欧美是有天使投资机制的，我们国家到现在还没有建立起来。那么像中长期的项目，谁去投就是个很大的问题。品牌培育是一个中长期过程，商业银行往往考虑近期利益，这就需要国家建立天使投资机制，拿出引导性的资金来支持企业搞品牌建设，尤其是中小企业在这方面更加需要帮助。

“三个转变”对于品牌建设具有重要意义

《中国经济时报》记者：习近平总书记提出推动中国制造向中国创造转变，中国速度向中国质量转变，中国产品向中国品牌转变，人们应该如何理解这“三个转变”的现实意义？

刘平均：首先，中国制造向中国创造转变，说的是具有发明专利的核心技术问题。中国创造，就是要以自主创新的核心技术为重点来实现我国制造业的稳步发展。谁掌握了核心技术，谁就能实现在国际上的领先。所以要实现这一转变，就要做到以下两点。一是从国家层面加大对知识产权的保护力度，尤其是对假冒仿冒等行为的坚决打击，创造一个知识产权良好的社会环境和经济环境。二是加大科研成果实现产业化的力度。当前我国科研成果和产业化之间衔接不畅，一些部门各自为政，致使一些很好的科研成果错失产业化的机会。

其次，中国速度向中国质量转变，说的是质量提升的问题。从宏观上来看，要通过提升质量来实现经济大国向经济强国的转变。实际上，质量的提升和中国制造水平的总体提升是相辅相成的。过去一直强调速度，现在要强调质量，质量出效益。这就要求严厉打击假冒伪劣产品，同时也要不断提高产品质量的总体水平。当前我国产品质量合格率是 90.3%，而中等发达国家的质量总体水平是 95%以上，发达国家的质量总体水平是 98%以上，你看看这个差距，5%就是不小的差距，现在我们是 90.3%，要想提升到 95%，需要一个相当长的过程。

最后，中国产品向中国品牌转变，之所以这个“转变”排在第三，是因为前两个“转变”实现不了，产品向品牌的转变就没有实现基础。发展品牌经济是前两个转变的目的。

建立科学公正的品牌价值评价机制

《中国经济时报》记者：拥有国际品牌的数量和质量，体现了一国的经济实力和科技水平。你认为，中国品牌如何才能走出去？

刘平均：经过近年来的实践，目前，我国已探索出了一条科学公正的中国知名品牌和国际知名品牌的道路。对中国品牌如何走向全球这个问题，我有这样一些看法。

建立科学公正的品牌价值评价机制，提升国际话语权，对于我国品牌走向世界具有重要作用。

当前国际上评选世界企业 500 强、品牌 100 强的机制存在两个缺陷：一是只用财务指标来衡量品牌价值是不科学的；二是将不同产业、不同行业的品牌放在一起评选是不公平的。因此，我国首先提出，在品牌评价中，品牌价值要素除了财务指标，还应增加“质量”和“服务”两个要素。此后，德国提出还应增加“技术创新”，美国提出还应增加“无形资产”。由此，品牌价值要素由单一的财务指标，扩展为有形资产、无形资产、质量、服务、技术创新五个指标。2014 年国际标准化组织（ISO）中央秘书处正式批准成立以“五要素”为基础的国际标准化品牌评价技术委员会（ISO/TC 289），中国担任秘书国，将为发达国家、发展中国家共同的品牌价值评价的科学性、公正性、标准一致性发挥重要作用。现在，中国、奥地利等十个成员国家正在研究制定品牌评价的国际标准。

近几年，为探索一个科学公正的、正能量的品牌评价机制，除了品牌价值要素的创新外，我们还尝试了以下创新，比如进行了分类评价，开始了区域品牌评价、以发明专利为切入点的中小微企业的品牌价值评价等。2016年，还将首次发布“中华老字号”品牌评价结果。每年12月12日，中国品牌建设促进会与其他机构联合发布我国品牌价值评价结果，评价不收取费用，过程公开、透明。在此基础上对连续三年位居发布榜前三十的品牌，开展消费者满意度测评。遵循“名牌要在市场竞争中产生，名牌最终要被消费者认可”的原则，建立中国知名品牌、国际知名品牌产生机制。

总之，我认为，中国经济现在已经到了品牌引领经济转型升级的时候了。我们应该按照党中央、国务院关于推进供给侧结构性改革的总体要求，积极探索有效路径和方法，更好发挥品牌引领作用，加快推动供给结构优化升级，适应引领需求结构优化升级，为经济发展提供持续动力。

希望国家各类媒体大力宣传中国品牌正能量，讲好系列品牌故事，引导我国社会主义市场经济健康发展，满足发展变化的消费需求，推动中国品牌走向世界。

（执笔：李慧莲、赵海娟，刊发于2016年12月1日《中国经济时报》，有微调）

品牌引领结构升级恰逢其时

——访国务院发展研究中心副主任隆国强（上）

品牌不仅是一个企业经济实力和市场信誉的集中反映，拥有知名品牌的多少，还是一个国家综合实力的象征，是一个民族整体素质的体现。近年来，党中央、国务院高度重视品牌建设工作，把加强品牌建设作为经济社会转型发展的重要战略举措。提升产品档次和品牌价值，培育形成新的产业竞争优势，已成为我国产业结构调整和经济转型升级的紧迫任务。“十三五”时期是实现中央“四个全面”战略布局的关键时期，特别是我国经济发展已经进入新常态，加强品牌建设的意义十分重大。国务院发展研究中心副主任隆国强日前在接受《中国经济时报》记者独家专访时表示，现阶段，国家提倡发挥品牌引领作用、推动供给结构和需求结构升级可谓恰逢其时。我们应该努力发展品牌经济，积极参与品牌标准的制定，提升中国品牌的话语权。

中国“制造大国、品牌弱国”的现状亟待改变

《中国经济时报》记者：过去30多年，中国经济保持了高速增长，经济总量已达世界第二，货物进出口总额位居世界第一，“中国制造”遍布全球市场，但中国品牌在国际竞争中还处于弱势，某种程度上可以说是“制造大国、品牌弱国”。你对我国品牌建设与传播的现状有何评价？

隆国强：我赞成“制造大国、品牌弱国”这个基本的判断。分析这一基

本判断形成的原因：首先，这是我国发展阶段决定的，我国现阶段的发展水平和发展阶段决定了我们还是一个品牌弱国；其次，从企业这个市场主体来看，品牌意识还不够强；最后，放在全球来看，现在西方文化处于强势地位，中国虽然有古老的文明、深厚的文化底蕴，但是在全球的文化里面，我们并不占强势。所以，中国产品的品牌在国际上总的来说还处于劣势。从 20 世纪 80 年代开始，我国虽然也培育了一定数量的知名品牌，但是在国际市场上具有显著影响力和竞争力的知名品牌屈指可数。

此外，品牌培育和发展的政策法规环境还不健全，其中最关键的一点是知识产权保护问题比较严重，侵权、冒牌屡禁不止。而且，品牌经济发展所需要的人才也是严重缺乏的。相应地，企业品牌建设服务的教学、品牌建设传播理论研究都比较弱。

因此，加快培育中国的跨国公司，打造形成一大批具有自主知识产权、质量竞争力强、附加值高的拳头品牌，是我国向制造强国、贸易强国和经济强国转变的迫切需要。

我国到了品牌引领转型升级的新阶段

《中国经济时报》记者： 近年来，党中央、国务院高度重视品牌建设工作，2014 年，习近平总书记提出，推动中国制造向中国创造转变，中国速度向中国质量转变，中国产品向中国品牌转变。2016 年 6 月，国务院办公厅印发《关于发挥品牌引领作用推动供需结构升级的意见》，国家如此重视品牌建设工作说明了什么？

隆国强： 这要放到我国经济转型升级的大背景下来理解。如果在 20 年前政府提倡品牌建设，我估计很多企业看不到这种紧迫性，它们会觉得政府太超前了，但现在政府重视品牌建设，是中国经济到了转型升级的新阶段。从国内看，我国传统的资源与劳动力竞争优势减弱，打造中国经济升级版，实现产业结构调整和经济转型升级，需要一批知名品牌支撑，引领经济结构升级。满足人民日益增长的物质文化需求，也需要优质优价的知名品牌作保障。

从国际看，面对资源环境约束加剧和新一轮国际产业转移的新形势，品牌已经成为国际竞争新优势，要努力打造一批质量竞争力强、附加值高的拳头品牌，推动中国品牌走出去，提升中国品牌的竞争力和影响力。

所以，到了转型升级的阶段，由政府来引导企业及全社会注重品牌建设，这是一件水到渠成的事情，可以说是恰逢其时。

努力增强中国在品牌评价中的国际话语权

《中国经济时报》记者：你对现阶段中国品牌的国际影响力作何评价？面对全球文化市场上强势的西方文化产品，我们该如何努力才能占有一席之地？

隆国强：现阶段，中国具有全球影响力的品牌数量很少，知名的品牌少，更不要说有美誉度的品牌了。总体上看，整个国家的品牌形象也亟待改善，因为企业品牌、国家品牌是互动的。作为世界上最大的发展中国家，我们应适时地做出调整，借助像2008年北京奥运会、2010年上海世博会等这样的展示机会，重建文化中国、品牌中国的国际形象，这是至关重要的。因此，必须把文化产业放在国家战略的重要地位，大力发展涉外文化产业、积极参与国际文化竞争，让中国文化尽快走出去。

《中国经济时报》记者：你认为如何增强我国在品牌评价中的国际话语权？

隆国强：做这个事情说明在现有的国际品牌评价体系里面，中国企业的品牌价值没有得到充分认可和体现。因为国际的评价机构对中国的企业了解还很不够。

要想在新的国际标准中使中国企业的品牌价值得到体现，有两个问题需要解决：一是评定方法要得到国际市场的认同；二是评定方法确定的一些指标数据要有可获得性。就是说，要具备评估的权威性以及数据的可获得性。

如果从掌握国际品牌话语权的角度来说，这是一件任重道远的事情，这是我们的责任。我们应该积极参与品牌评价相关国际标准的制定，推动建立全球统一的品牌评价体系，增强我国在品牌评价中的国际话语权。

适应互联网给品牌建设和传播带来的新变化

《中国经济时报》记者：你认为，互联网时代，我国品牌建设与传播存在哪些变与不变？

隆国强：互联网确实是给品牌的培育和建设带来了很多新的内容。

变化一：品牌传播的方式和以前不一样了。这也是互联网带来的最显著的变化，人们获取信息的方式、消费的方式，乃至生活方式的巨变，倒逼着一切都随之改变。在这样的浪潮之下，传统的品牌传播方式也正在发生着深刻的变化。

变化二：互动性更强。开放、互动、平等的互联网时代，让“去中心化”“去中介化”成为传播新趋势，用户与企业开始共同创造品牌，从研发环节就可以介入产品设计。人们开始在网上社群化生活，以社群成就无须细分的定位、无须广告的营销。越来越多的品牌都在通过还原消费场景来引发目标人群的共鸣，从而引发消费行为。

变化三：传播的成本大幅下降。对企业而言，以前要借助于第三方媒体来进行品牌的推广和传播，费用会很高，现在企业可以直接传播，大大降低成本。

变化四：互联网确实有利于品牌的成长，但是这里面可能出现所谓整个互联网“赢者通吃”的局面，即马太效应，强势品牌会更强。当然，因为技术进步很快，品牌更迭的时间也会更短。不过，大浪淘沙，最终能够生存并持续发展下去的，一定是技术、质量或服务好的品牌。

因此，我个人认为，对一个品牌来说，无论有没有互联网，都有些不变的东西，就是支撑这个品牌的技术、质量、服务，这些组成了品牌的核心价值，这些东西不会因为互联网而变化，也就是说不会因为品牌传播的渠道、品牌传播的手段、方式的变化而变化。

一个品牌要想持续发展下去，要有比同行更好的质量、更先进的技术或者更高的性价比。当然，不同的品牌会有自己的定位，有的品牌会去营造一个高端品牌形象，比如奢侈品，LV（路易威登）包在使用价值上可能和你随便拎的布包本质上没多少区别，但是它会营造出一个非常高的品牌价值，而且为高端的消费者所接受。但是，还是这句话："不同的品牌不管怎么去定位它的消费群体，必须要有好的质量、好的服务作支撑。"

做品牌的企业和做传播的媒体都应该认清这种形势，顺势而为。

（执笔：李慧莲、张娜，刊发于 2016 年 12 月 2 日《中国经济时报》，有微调）

多方发力共促中国进入品牌经济新阶段

——访国务院发展研究中心副主任隆国强（下）

随着全球化的发展，世界已进入品牌经济阶段，20%的知名品牌拥有80%的市场份额。世界各国都在大力培育品牌，加快推动本国品牌走向全球，在世界经济产业利益链中占据有利位置。中国如何适应这种全球化的趋势？如何改变当前我国品牌发展滞后于经济发展，产品质量不高、创新能力不强、企业诚信意识淡薄等问题？政府、企业、行业协会等相关方面该如何作为？国务院发展研究中心副主任隆国强在接受《中国经济时报》记者独家专访时表示，中国要想顺应这种国际潮流，应该发挥好政府、企业、行业等多方面的作用，共同推动中国进入品牌经济新阶段。

政府可在多方面大有作为

《中国经济时报》记者：对于中国这样一个政府动员资源能力极强的国家来说，你认为，在品牌建设与传播方面，现阶段政府可以在哪些方面有所作为？

隆国强：我国政府动员资源的能力的确很强。正因如此，我认为，在品牌建设和传播方面，政府可以在以下几个方面发挥作用。

第一，要唤醒全民的品牌意识，建设品牌文化。其实从我国的现实情况看，居民的品牌消费已成主流，说明需求方的品牌意识比供给方要强。有很多消费者是比较在乎“我要买什么品牌的东西”的，背后就是要买质量和服务，反而是供给方在这个阶段的品牌意识还不够强。

品牌文化的建立要比品牌意识范围更宽一点，品牌文化包括对品牌的尊重、保护等。它不仅仅表明个体消费很重视品牌，也包括对别人的品牌的尊重，比如对“仿冒其他品牌是一种犯罪行为”是否有清醒的认识。现阶段，中国可能有很多人并没有这么强烈的品牌保护意识。所以，政府能做的第一件事应该是品牌文化的建设，在全社会形成人人爱护品牌、人人享受品牌、人人支持品牌、人人尊重品牌的良好氛围。

第二，要加快品牌的法制环境建设。这是整个知识产权保护里很重要的一项内容，包括对假冒伪劣产品的打击。从法律制定的层面来说，我国法律条文本身对知识产权的保护其实已经很先进了，和发达国家没有明显的差别，我国法律制定的过程本身是参考了其他发达国家的，特别是美国的知识产权保护的法律。党的十八届三中全会以后，我国把对知识产权的保护提到了一个新高度，在执法和司法环节上有很大变化，比如设置知识产权法庭来专门审理知识产权侵权的案子，这对知识产权的保护还是一个很有力的措施。所以，营造一个保护知识产权的法制环境，这不仅是政府可以去做的事情，也是政府应有的职责，属于市场环境建设的一个很重要的内容。

第三，推动对品牌人才的培养。就像我国缺乏创新人才一样，我国同样缺乏品牌人才。可能有相当高比例的企业品牌负责人，都没有学过品牌这一专业，而是自学成才，或是从这个专业、那个专业转过来的，比如有很多媒体人转型成为企业品牌负责人。

所以，政府应推动高等院校开展品牌学科教育，支持有条件的院校设立品牌专业；鼓励社会研究机构开展面向企业的品牌建设研究，为广大企业创建知名品牌提供理论和技术支持；开展品牌从业人员培训，不断提高广大企业品牌从业人员的能力和素质，为企业创建知名品牌提供人才支撑。

第四，应在国际范围内营造一个良好的中国品牌形象。说实话，中国品牌现在在国际上的形象并不理想，有国家认为“Made in China”（中国制造）的产品很低端，假冒伪劣多。所以，国家要在全球场合去营造一个好的品牌国家形象，让“中国制造”和“中国服务”成为优质产品的标志。

《中国经济时报》记者：你认为在这方面，互联网的出现能发挥什么作用？

隆国强：我个人认为，互联网的出现、发展对我们营造一个好的品牌国际形象有利也有弊，有机遇也有挑战。最大的挑战是防止互联网变成一个伪劣商品流向国际市场的新渠道。当然，我们可以更多地通过互联网做很多正面的品牌或国家形象的宣传，这也是一个好的机遇。

企业做品牌要尊重品牌发展的规律

《中国经济时报》记者：企业是品牌建设的主体，你认为它们应该如何发挥作用？

隆国强：企业是品牌建设的主体，也是受益者。企业进行品牌建设是其转型升级的内在需要，当然企业也有自己的战略选择，比如，有的企业虽然有品牌意识，就像富士康，它只做企业品牌，但是它没有产品品牌，只做OEM产品。因为它要做同样的产品，就会与客户形成竞争。做企业品牌还是做产品品牌，这是企业的自主选择。有的企业就是要做产品品牌，并且有自己的市场定位。因此，企业在品牌建设中的主体地位需要得到尊重。不要说这个企业选择做OEM，非要逼着它来做产品品牌。做OEM有转型做产品品牌很成功的企业，但也有失败的案例。政府绝不能越俎代庖，去替企业做决策，认为企业该做企业品牌还是产品品牌，或该做什么样的品牌。政府也好、行业协会也好、主管部门也好，都要尊重企业的自我选择，可以唤醒它的品牌意识，可以为它培养人才等，但不要替企业做选择。

对做品牌的企业而言，要制定切实可行的品牌建设规划并组织实施。企业主要负责人要重视并亲自推动品牌建设相关工作。建立以重质量、讲诚信、善创新为主要内容的品牌文化。企业内部要建立强有力的组织和制度机制，保证品牌发展战略规划的有效实施。

品牌发展本身是有规律的，企业做品牌还要尊重品牌发展的规律，换句话说，就是要把品牌的发展作为企业发展战略的重要组成部分来考虑。对企业来说，一定要有清醒的认识，企业品牌是附着在所生产产品的质量或服务上面的，是附着在产品的市场竞争力上面的，发展好的时候品牌的价值会迅速放大，但是若缺乏持久的竞争力，品牌价值也会很快缩水，慢慢被淘汰。

应发挥行业协会的联系和纽带作用

《中国经济时报》记者：在营造品牌健康发展的良好环境这一行动中，行业协会可以发挥的空间很大，它的作用也越来越重要。你认为，跟政府相比，它的独特作用有哪些？

隆国强：在品牌建设与传播方面，行业协会能发挥的作用跟政府有很多类似的地方，只不过是它的手段不一样，它也可以在加强企业的品牌意识建设、品牌文化建设，还有人才的培养等方面扮演重要角色。

但与政府作用不一样的是，行业协会还是品牌建设的实施主体之一。它可以发挥联系和纽带作用，推广行业先进的营销理论、品牌管理模式和方法，增强行业内企业在市场调研、产品定位、营销策划、传播宣传、公关服务等方面的能力，引导广大企业走品牌创建之路，推动行业自律，提升企业产品质量和信誉水平。

行业协会还可以做的一件事，是发挥中国品牌建设促进会等品牌建设专业团体组织的作用，开展品牌建设综合研究、品牌价值评价、品牌从业人员培训和再教育。

总之，应该引导科研院所、大专院校、行业组织，推动建立品牌建设研究、咨询、评价等机构，鼓励地区和行业规范并推广品牌建设咨询和培训服务，加强品牌建设工作专业指导，做好品牌建设社会中介组织行为的监督和管理，杜绝乱评比、乱收费等违法违规行为。

（执笔：李慧莲、张娜，刊发于 2016 年 12 月 5 日《中国经济时报》，有微调）

实施品牌战略助力“中国梦”

—— 访中国科学院院士、中国工程院院士、北京理工大学原校长王越

从《质量振兴纲要（1996 年—2010 年）》的提出，到 2016 年 6 月《国务院办公厅关于发挥品牌引领作用推动供需结构升级的意见》的发布，我国对品牌建设的重视程度日益加深，品牌战略也逐渐成熟。但与之不相符的是公众对品牌建设的认识还停留在提升产品或名牌的质量阶段，对品牌战略的重要性理解还比较欠缺。为此，《中国经济时报》记者采访了中国科学院院士、中国工程院院士、北京理工大学原校长王越，从品牌建设的内涵和外延为读者阐述品牌战略在我国经济社会发展过程中的重要作用。

品牌建设为实现“中华复兴”提供支撑

王越认为，品牌建设与传播绝不局限于经济领域，应该放在“中华复兴”的全局下来看。“中华复兴”是我国现在最主要的任务，也是最具长远性、历史性的任务。

党的十八大以来，习近平总书记提出并深刻阐述了实现中华民族伟大复兴的中国梦，强调中国梦的基本内涵是实现国家富强、民族振兴、人民幸福。实现这一切需要经济的长足发展作为支撑，随着改革开放几十年的摸索，推动经济发展的立足点也逐渐转移到创新、质量、服务和效益上来，此时，代表产品品质和核心竞争力的品牌战略便担负起了促进新旧发展机理转换，推

动供需结构升级的重要任务。

“品牌建设战略的实施能促使中国由制造业大国向制造业强国转变，与供给侧结构性改革关系密切，也与科技兴国的基本国策相契合。可以说，在实现‘中华民族伟大复兴中国梦’的过程中，品牌建设的作用至关重要，是实现这一伟大任务的重要支点。”王越说。

不过，品牌建设与传播是一个复杂漫长的过程，由于以前对品牌的重视程度不够，多年来一直发展比较缓慢，遇到的阻力和困难也不少。但在王越看来，目前品牌建设与传播的国际国内整体发展形势还不错，前景光明。他以国际标准化组织品牌评价技术委员会的建立为例，向记者介绍了近年来我国品牌建设在国际上取得的进展。

2014 年，经中国推动，国际标准化组织品牌评价技术委员会成立，目的是基于中国提出的有形资产、无形资产、质量、服务、技术创新这五个影响品牌价值的关键要素，建立、推行一套全球公认、科学、公正的品牌评价标准体系，以推动全球范围内品牌建设融入社会共同发展。

“此技术委员会由中国承担秘书国，秘书处设在中国品牌建设促进会，这说明我国在品牌评价中的国际话语权在逐渐增强。”王越表示，目前由五个影响品牌价值关键要素构成的品牌评价标准体系已经受到多个国家的认可，而且还在不断地向其他国家推广，所以秘书处的工作任务艰巨，需不断加强。

品牌建设助力企业实现可持续发展

那么，为何要实施品牌建设战略？王越也给出了自己的看法。他表示，从自然法则来讲，看一个事物不仅要看现在的状态，还要看将来的发展动态。将此法则放在一个企业上，我们就应该思考，这个企业现在发展很好，社会品牌评价高，那将来呢？能不能持续发展？现在看起来质量没问题，但是随着不断发展，新环境有新要求，将来是否还能保证不出问题呢？所以一定要看发展。

王越表示，从品牌建设的角度来看，企业未来的发展就要看有形资产、无形资产、质量、服务、技术创新这五个要素。从这五个评价指标出发，把现在的状态与将来的发展结合起来，才能实现可持续发展，而不是昙花一现。所以，品牌建设的深层次内涵就是让企业自己尽力把握未来的发展状态。

但他同时认为，任何事物的生存发展都是矛盾运动，有正面和负面，不可能一帆风顺。我国的品牌建设与传播刚刚开始起步，在这个过程中，负面现象是不可避免的。该如何有效控制负面现象呢？他认为有四点需要注意。

第一，提前管控。应该事先用各种方法和手段尽量减少负面现象的出现，尤其在服务、质量方面应建立一套有效的不断完善的应对机制。第二，政府要主导，要加强综合监管。一旦出现负面现象，应及时纠正和消除负面后果，要动员社会力量，如发挥媒体、品牌建设协会和行业协会的作用。第三，坚持公正公开原则。该公开的事一定要公开，好事要公开，不好的事也要公开（内含纠正措施），只有公开才能共进，只有公开才能得到群众的信任。第四，媒体的作用也很重要，要宣传正能量，同时为公众答疑解惑。

品牌建设最终目的是满足人民物质文化发展需求

王越说，党和政府历来高度重视品牌工作。习近平总书记提出了中国制造向中国创造转变，中国速度向中国质量转变，中国产品向中国品牌转变，李克强总理提出加强质量、标准和品牌建设。同时，品牌发展战略规划等相关政策和措施也陆续出台，这些为品牌的建设与传播营造了良好的政策环境。

王越认为，品牌的建设与传播涉及面很广，各行各业都有品牌建设与传播的需要，但各行各业的特性又不同，所以要在评价准则方面达成共识较为困难。这就需要政府充分发挥协调作用，引导行业协会以及企业共同来实施品牌战略，也就是要形成一套政府发挥协调引导作用，品牌协会、行业协会等相关部门执行，企业积极支持的机制。

王越表示，政府应该从长远角度出发，促使各行各业加强联系，形成一个共同体，一方面是为了达成共识，为中华民族的伟大复兴这个目标共同努力；另一方面可以加强参与品牌评价过程的单位和企业的信任度。不管是评审还是被评审都应该加强理解，相互信任，共促发展，而不是“功利第一”。

在王越看来，品牌建设战略需要是现代社会文明程度的一项重要特征，不能局限于经济领域，因为此战略的最终目的还是要回归到服务于人民日益增长的物质文化需求，达到国家强盛、人民幸福的目标。因此，他认为，在品牌的建设过程中，作为社会重要组成部分的企业要有社会责任感，要和中华民族的伟大复兴相结合，不能只看局部利益。

“‘大河有水，小河才能满’，企业要有长远共赢的发展理念。希望我们的企业不要忘记社会责任，以实现长期可持续发展。”王越说。

（执笔：王丽娟，刊发于 2016 年 12 月 9 日《中国经济时报》，有微调）

品牌传播迎来个性化多样化时期

——访中国消费者协会副秘书长栗元广

品牌建设是当前扩大消费的重要战略步骤，品牌传播是实施品牌战略、消费转型升级的必由之路。在我国由制造业大国向制造业强国转变的过程中，品牌的建设和传播起着举足轻重的作用。

当品牌传播与高速发展的信息技术发展相遇，与消费结构转型升级相交，品牌传播将会面临哪些新变化？是否会随消费需求的变化而转变思路？是否会建立数据库，进而引入大数据的应用？为此，《中国经济时报》记者特邀中国消费者协会副秘书长栗元广为读者进行解答。

发展势头看好，品牌传播进入创新时期

《中国经济时报》记者：目前我国品牌传播的发展状况如何？面临的突出问题是什么？

栗元广：目前我国的品牌传播可以用“百花竞艳、多点开花”来形容，主要特点有四个方面。

第一，新的传播方式和营销手段大量出现，不仅得到了广泛应用，也取得了很好的效果。

第二，新的品牌开始崛起并且出现良好的发展势头。新锐品牌借助新媒体和互联网传播效应迅速成为市场的宠儿，在餐饮业、服务业和互联网行业

表现尤为明显。

第三，品牌传播面临从资金、渠道占领的粗放式投入到策略、技巧、创新形式变化的比拼。通过技术的沉淀和创新，通过传播策略的迁移和包装，产品的传播效果更加深入人心。

第四，品牌传播应更加关注受众群体的多元化需求、消费者群体的消费习惯和选购行为、生态和体系的贯通。

虽然品牌传播发展近年来有了很大进步，但也面临着一些亟待解决的问题，主要表现在四个方面。

第一，信息传递效应受到削弱。互联网时代和新媒体时代的到来，让品牌传播的方式有了更多选择，受众群体即消费者群体的信息接收量变大了，但是信息传递效应（信息的影响力）却被弱化了。

第二，品牌传播竞争更加激烈。市场形势的复杂多变使企业间的竞争从产品和价格的竞争逐渐转向品牌价值观和品牌话语权的竞争。

第三，模仿多于创新。也就是我们通常说的“跟风销售”“跟风炒作”等情况此起彼伏。

第四，品牌内涵不足。反映出我们的产品在质量和创新能力上还不够，文化建设和价值建设与国际市场品牌相比还有一定的差距，在品牌传播上也会导致我们的产品处于下风。

互联网高速发展为品牌传播带来新机遇

《中国经济时报》记者：在互联网高速发展时代，品牌传播面临哪些新变化？

栗元广：随着互联网的发展，信息技术为品牌传播带来巨变。一方面，传统品牌传播方式受到冲击，品牌传播的需求与方式也在发生着深刻的变化；另一方面，技术发展和升级换代也为品牌塑造和品牌传播提供了新的方法和手段。现在的品牌传播变得更具有可视性、体验性、互动性，品牌传播从平面到立体、从单一渠道到多元共生、从一对多到一对一，还有一些品牌传播方式在互动性之中充满了情感性，更为人性化。

具体而言，可以从以下几个方面来理解移动互联网时代品牌传播面临的变化。首先，传统媒体和新媒体的融合发展为品牌传播提供了新的渠道。过去的品牌传播方式往往是依靠平面媒体进行集约式品牌信息传递。随着新媒体的勃发，其创新型传播方式和传播效果不可忽视，多元化的视角和关注度让消费者群体的物质需求和情感需求得到了更好的关注和回应，消费者往往会获得更多的存在感和参与感。随着传统媒体和新媒体的发展，品牌传播不再局限于某一渠道、某种形式，而是以多元化的方式和形象出现，这种品牌传播方式和体系将具有更好的社会效果和影响。

其次，在融合变革的环境背景下，品牌传播的需求特征正在发生变化。当前，以移动传播为特征的传播新格局也正在逐渐形成，传播需求和传播环境都在发生新的变化，而具有不同需求的企业群体都对这种发展趋势予以重视，并纷纷对自身的传播战略进行调整。

最后，在品牌传播领域，技术本身并不是最重要的指标，品牌能否进行精准定位、传递有效的信息才是关键所在。理解了这一点，品牌传播工作将不再困难。比如现在很多的“90后”，不再仅仅追求传统意义上的名牌，而是开始注重更能代表个性、价值观的品牌。在消费方式的选择上，买对的东西开始超越买贵的。所以，消费升级并不是让产品变得更贵，而是注重选择上的多样性、丰富性。品牌传播也应当随着消费升级和消费趋势的变化及时进行调整，让品牌效应深入人心。

消费结构升级促品牌传播转变思路

《中国经济时报》记者：目前，我国正处在消费转型时期，消费者需求的变化对品牌传播有何影响?

栗元广：经过改革开放30多年的较快增长，我国经济社会发展取得举世瞩目的成绩，随着中等收入群体不断壮大，消费需求呈现许多新的特点。比如，消费总量庞大，我国已经成为全球重要的大市场。消费群体不断提升，以往以低收入群体为主导，目前已经发展出庞大的中等收入群体、高收入群体。消费需求不断丰富，从以往的模仿型、排浪式消费，发展到个性化、多样化消费成为主流。

同时，对产品的需求，也不再是简单的“有没有”的问题，而是能不能体现出个人的消费品位，体现出自身的独特性，对产品品质的要求越来越高，个性化、多样化的特点越来越突出。

随着消费结构、消费模式、消费热点的变化，消费者对企业提供的产品和服务的期望与诉求也在逐渐发生着变化；反映在企业品牌上，从以往的关注产品和服务本身，到现在兼顾企业品牌形象、企业价值、企业文化等隐含性品质。

那么，企业应该如何应对这些变化呢？

首先，要根据消费者的需求和期待，从关注产品本身到关注人的需求，以消费者的需求为重心，制定和开展有关品牌传播和产品升级的策略。

其次，根据市场上消费结构、消费模式、消费热点的变化以及对未来一段时期消费结构、消费热点和消费趋势的预判，推行有效的品牌传播战略，打造良好、可信的品牌形象，获取消费者的信任和选择。

最后，从更高层面来说，企业也是供给侧结构性改革的重要发力点，通过供给端结构优化，如产品品质提升、品牌形象升级、企业文化与价值传导，可以更好地提升企业的内在生机和外部竞争力，为市场提供更多、更好品质的产品和服务，同时为消费转型升级，提振市场信心提供活力。

加强大数据分析应用为品牌建设提供指向

《中国经济时报》记者：随着大数据应用的兴起，各行各业都在着手建立数据库。在品牌传播方面，数据库的建设有何进展？

栗元广：建设数据库是一种新的尝试。随着互联网的飞速发展，一些部委单位、行业协会还有很多企业都在借助互联网技术开展相关的大数据战略部署和行业性研究，中国消费者协会也与相关部门合作开展相关的规划和工作部署。

目前，中国消费者协会正在开展的品牌数据库建设工作有三项。

一是结合历年全国消协组织投诉解决情况统计分析数据，进行行业专项分析，针对具体行业形成专项分析报告，不针对特定行业和领域，进行品牌相关的“问题”清单梳理，充分挖掘和利用很多年来掌握的投诉数据的价值。

二是通过“互联网+”技术进行大数据挖掘，按照消费者对品牌的关注度等相关因素进行优先次序的数据抓取，探索消费者满意度的行业规律，形成一套品牌相关因素的数据库。

三是通过建立满意度分析模型并进行调查验证，了解不同变量和影响因素与消费者满意度的相关性；邀请专家学者进行讨论论证，形成一套对当前品牌建设有建设性作用的满意度分析模型，为未来品牌建设工作和品牌传播工作提供一些有意义的实践参考。

《中国经济时报》记者：您认为数据库的建设对品牌传播有何作用？

栗元广：数据库的建立工作，基于对行业大数据的分析，以挖掘行业信息和线索，调动数据的价值，使之成为助力品牌传播和品牌建设的有力手段，为消费升级、提振消费信心乃至于保护消费者合法权益提供持久动力和新的思路。

具体而言，对于政府部门来说，借助大数据分析，可以很好地总结过往工作的经验和教训，为未来工作提供参考依据；借助数据库的建设，可以更好地开展城市规划和产业规划工作，开展品牌传播战略的制定和执行，打造地区品牌和城市形象，为凝聚品牌规模和行业产业优势发挥重要作用；大数据建设还可以有效提升工作效能，降低政策制定和执行的失位风险，避免资源的流失和浪费。

对于企业来说，一是可以借助数据库建设，利用大数据进行消费群体精准定位，了解消费者的关注重点、需求和偏好，以便于品牌的精准营销，如广告渠道选择、广告投放形式确定等；二是可以借助大数据预判消费者的购买行为、购买心态，进行用户研究，特别是用户体验研究，制定差异化的品牌营销策略，让品牌传播效应最大化，在品牌传播和市场竞争中保持优势；

三是可以通过大数据分析，开展同行业、产业产品和服务分析，了解市场营销数据，特别是了解消费者的投诉数据，及时调整品牌定位和公关战略，弥补和调整企业品牌战略缺失的部分。

发挥企业主体作用使品牌传播有的放矢

《中国经济时报》记者：你认为在我国的品牌建设与传播过程中，企业应该如何发挥自身的主体优势？

栗元广：企业作为市场经营中最重要的参与者之一，要打造品牌战略。

第一，尊重市场规律、遵循市场原则，根据市场需求和原则制定品牌传播战略，发挥品牌传播最优效用。

第二，锻造品牌的核心价值，整合区域品牌力量，汇聚产业集群优势，抱团取暖打造产业和产品品牌名片。目前国内有一些地区正在推行这样的规划，政府给予企业一定的优惠政策，对打造产业优势和品牌影响力有很大的推动作用。

第三，发挥企业品牌效应，承担企业社会责任，通过品牌建设和品牌传播，传递良好的企业价值和社会核心价值导向，引领绿色消费、健康消费，满足消费者个性化、多元化、差异化的需求，通过建构和引领合理有序的消费趋势创造更多的社会价值和企业价值。

第四，充分保障消费者权益，尊重消费者诉求和呼声。在企业经营建设和品牌传播营销活动中，应当密切关注消费群体，即消费者的体验和感受，关注消费动态和发展趋势，这可以在品牌传播过程中和售后服务的评测指标中有所体现。

（执笔：王丽娟，刊发于 2016 年 12 月 14 日《中国经济时报》，有微调）

品牌全球化需打破传播壁垒

——访北京大学光华管理学院营销学系教授彭泗清

目前，国际市场已经从商品消费进入品牌消费。在我国，品牌消费也已经成为居民消费的主流。加强品牌建设，提升品牌价值，形成一批国际知名品牌，既是我国经济发展和转型升级的内在要求，也是我国在全球竞争中形成竞争新优势的关键所在。

但是，在互联网的环境下，消费群体、媒体形态和传播渠道都发生了改变，企业如何做好品牌的建设与传播？如何应对媒介碎片化带来的挑战？政府如何扶持中国品牌传播？

对此，北京大学光华管理学院营销学系教授彭泗清在《中国经济时报》记者专访时表示，在互联网背景下，品牌要真正走进消费者的生活中，通过与消费者高频互动，建立立体的传播体系，从而让消费者了解到品牌的信息。

媒介碎片化的实质是生活化

《中国经济时报》记者：互联网时代品牌传播手段面临哪些变化？

彭泗清：在以前，消费者主要是通过大众传媒获取信息，比如电视、报纸或者杂志。虽然以前也有一些品牌通过卖场、实体店等场合呈现给消费者，但更多的品牌通过大众传媒被消费者感知。而现在消费者接触信息的来源更加多样化，他们会通过互联网或者微信、微博等社交媒体来获取信息，这是一个很重要的变化。

同时，传播者也发生了变化，以前是企业向外传播，有点像用高音喇叭喊话一样。但是现在很多品牌传播已经变成 C2C（Customer to Customer）的方式，是由消费者到消费者的传播。信息可能是企业发出的，也可能是新媒体发出的，或者是一些消费者对此感兴趣而发出的，说明传播的手段已经改变，传播者也改变了。

此外，还有一种情况是碎片化的传播，信息可能未经过精心设计而随意被传播了出去。这就带来了一个问题，原来企业对传统传播途径比较好控制，现在控制难度和复杂性会增加很多。

但是，若企业或机构能够及时跟进消费者的反馈，则能够获得更丰富和精准的信息。现在有一些做数字营销的公司，已经开始通过某些方法，收集消费者智能终端的数据，来了解消费者的上网习惯和兴趣爱好。从这点上看，碎片化传播比传统媒体更能得到具体的反馈。比如，针对微信公众号发布的文章，可以知道阅读量、阅读人群、转发和评论情况。因此可以对客户群传播的整体情况有更好把握。

《中国经济时报》记者：如何应对媒介碎片化对品牌传播带来的挑战？

彭泗清：过去，大家认为通过传播渠道将信息传递给消费者就可以了，注意力集中在信息的生产与传播媒介的管理上，不太去看消费者的反映，也不太关注消费者的生活。

媒介碎片化实质上就是传播生活化，新媒体已经生活化、个人化了，品牌的传播也需要适应这种变化，要在消费者生活中的很多接触点上达到传播效果。在这种情况下，品牌可能需要找到合适的场景去与消费者“偶遇”，而不是站在“婚姻介绍所”里呼唤消费者来与品牌“相亲”。品牌要真正走进消费者的内心或者生活中，这需要对他们的生活有更好了解和接触，如果能够实现更高频互动，就可以引发出更多消费者的反馈，从而收集到更多的信息。

换一个角度去看碎片化，如果能把新技术手段加以利用，把握现有信息，碎片化反而不是坏事，有可能构建一个更立体化和丰富化的传播体系。

应对这种挑战，要看品牌能不能真正走进消费者的生活中，了解消费者在做什么。品牌可以通过新媒体等途径，建立跟消费者之间的关联，保持较好的高频互动，一旦建立起来了，就是一个很完整、很立体的传播体系，而不是碎片化的状况。

《中国经济时报》记者：能深入谈一下关于走进消费者生活这个看法吗？

彭泗清：以前我们认为，消费者的眼睛总是盯着媒体，对大众传媒很依赖，看新闻和了解外部世界都是通过媒体。而现在有了移动互联网，自媒体在增多，受众的选择是多样化的，信息是过度饱和的，人们可以不看报纸或电视，信息已通过智能终端，随时随地出现在消费者身边。

这种情况下，如果品牌的信息不走进消费者生活，而是待在原地，等消费者去看，那它跟消费者之间的联系会很疏远。所以，品牌传播要做到生活化，贴近消费者尤为重要。

过去，品牌传播需要研究消费者的态度以及偏好，现在要研究他们的生活，从消费者本身的需求来看他们关注什么，进而了解品牌如何跟消费者互动，打造立体的、更加深入生活的传播方式。

品牌全球化需打破传播壁垒

《中国经济时报》记者：请你总结一下目前我国的品牌传播整体社会环境如何？

彭泗清：我们是在互联网时代进行传播，所以要尊重互联网的总体规律，用共同的语言按照国际的规则做事情，可以在这里体现中国特色，也需要发出中国声音，但一定是遵循统一的规则。

那么，针对一些最基本的传播工具，我们可以对它施加一些影响。我认为，像脸书、推特、谷歌等都应该一步步开放，我们现在想的是它们会影响我们，但是如果有足够的自信，我们不但不用怕被别人影响，而且可以影响别人。如果在新媒体这一块采用封闭的做法或者完全对这些渠道进行限制，这对中国品牌在国际上的传播甚至中国政府的形象在国际上的传播其实是不利的。

《中国经济时报》记者：现在你所了解到的中国品牌全球化的传播现状如何，存在哪些问题？

彭泗清：第一，国内外的社交媒体不同。在中国特别热门的社交软件是微信，而外国人主要使用的社交应用是脸书、推特等，这些软件在国内使用受限，虽然有意识形态和媒体报道管控的考虑，但是对品牌传播来说，受限带来的一个结果是我们没有办法借用这些手段去传播。这也使得中国的消费者与国际上通行的传播渠道隔开，企业没法借助这些平台在国外的消费者中做品牌传播。

这样一来，中国品牌要在国际上传播，还是要借助于传统媒体，传播费用很高，而传播效果不见得深入人心。所以，我们的一些政策可能无形中会影响到中国品牌在国外日常生活中的传播。让中国品牌能够在脸书、推特上自由传播，可能比在纽约时报广场大屏上"刷脸"的传播效果更好。

第二，部分中国品牌在设计时缺乏国际化意识，日、韩的一些品牌在国际上传播的时候，会用国际化的语言去传播，有方便识别的英文名字，比如索尼、三星、丰田。中国的一些品牌在这方面做得很好，比如联想的 Lenovo，已经全球化了，而有一些中国企业还在使用用英文读起来比较困难的中文拼音。一些企业的名称没有特色，难以体现自己的品牌个性，比如中国旅行社、中国国际旅行社、中国青年旅行社、中国职工国际旅行社等，我们中国人听起来没有任何问题，而且因为有"中字头"觉得很"高大上"，但是，外国人听起来很难分辨，以为它们是一家。

《中国经济时报》记者：政府在品牌传播方面有哪些需要改变的地方？如何打破沟通壁垒？

彭泗清：国家需要在政策方面做一些调整，兼顾国家政治层面的考虑和信息传播的需要，更好地跟国际接轨。

另外就是人才的困境，企业现在需要大胆任用年轻人做品牌传播，原来经验很丰富的人要跳出旧有的思维框架比较难。

政府方面，包括国家的对外宣传，一些资历较老、经验比较丰富的人在政策的把关上没有问题，但是从技术手段和传播方式上来讲，一定要找一批了解新媒体和新人群特点的人。从整个国家来说，一定要适应这个新的变化，让真正熟悉新环境、新技术、新手段和新生活的人来做这些事情，不然就会很被动。

《中国经济时报》记者：互联网新媒体时代，能否给中国的国企、民企这样不同类型的企业，在品牌建设上不一样的建议？

彭泗清：可以区分三种情况：既进入了国际市场，也进入了当地社会与当地人生活的企业；只进入了国际市场，没有进入当地社会与当地人生活的企业；正在努力进入国际市场的企业。

第一类企业，如华为、联想，它们已经在国际上有影响力，有多年的国际化实践，并且有团队或者合作方可以做国际化传播。这样的企业已经做得很不错了，它们能进入当地人的生活，走进他们的社会。

第二类企业，像一些“中字头”的大国企，在国外承包很多基建工程，从中国去一批人，他们主要活动在工地上，工程完工后就转移到别的地方去了，跟当地社会基本没有深度融合。这类企业的品牌传播要想得到别人的认可，就需要和当地的社会展开对话，加强融合。企业可以培养品牌传播的人才，也可以雇一些别国的人才来做这些事，但是要改变原来的观念。

第三类就是大量的民营企业，它们到国际上去的经验不足，也没有大国企那样的实力和背景。这些企业在一开始，要借助于相关的服务方，降低成本，同时解决传播、法律等方面的问题。这需要国家提供扶持政策，发展配套服务机构，帮助中国企业走向国际。

（执笔：黄俊溢、刘籽昕，刊发于2016年12月15日《中国经济时报》，有微调）

树立品牌战略思维　应对“碎片化”挑战

——访南开大学商学院教授杜建刚

近年来，党中央、国务院高度重视品牌建设工作，把加强品牌建设作为经济社会转型发展的重要战略举措，出台了多项政策法规助力品牌建设与传播，力求将我国打造为品牌强国。

在当前的互联网环境下，我国的品牌传播环境正面临着一系列变化。企业在此过程中需要把握哪些机遇，又要应对哪些挑战呢？为此，《中国经济时报》记者专访南开大学商学院教授杜建刚，对互联网背景下如何进行品牌传播进行解读。

要打造健康的品牌生态环境，树立企业的品牌战略思维

《中国经济时报》记者：目前，我国品牌传播的发展环境如何？哪些领域有待完善？

杜建刚：近年来，我国政府出台了多项助力中国品牌的法规和政策，相对来说，这些文件更多围绕着提升质量和监督管控来保障和引导企业的品牌建设。中国品牌要想真正走出去，除了关注质量因素外，品牌沟通与传播的能力提升也是一大重点。

目前来看，我国还未完全形成一个有利于品牌建设的科学健康的品牌生态环境。提升中国企业品牌价值是一个系统工程，仅仅依赖企业自身力量是

远远不够的，只靠国家层面的推动也是不够的，只靠政策法规的保障还是不够的。

品牌提升是一个在国家文化软实力的支撑下，企业的自身发展与市场的推力和消费拉力相结合，同时与政府标准的约束和中介机构的监督相结合，各方形成合力下的一个结构化推动的过程。

《中国经济时报》记者：从外部环境来看，打造科学健康的品牌生态环境势在必行。不过对企业自身而言，要进行品牌建设，往往是大企业容易、小企业困难。对此，你有何看法与建议？

杜建刚：目前，中国的中小企业超过了千万户，这是中国的品牌摇篮。现在进入 Interbrand 全球最佳品牌 100 强的华为和联想，二十年前都曾是中小企业。刚刚创业的企业几乎都是小企业，但小企业更应树立品牌战略思维。

企业的品牌建设并不一定意味着高投入，其实品牌思维更多地体现在企业创立者的大脑中。德国的很多优秀品牌都来自规模并不大的家族企业，但企业兢兢业业、恪守质量。我们的中小企业也应倡导这种工匠精神，对市场和消费者都应有一种敬畏感，对社会和公众应有一种社会责任感。同时，对于品牌传播还应有一种无畏感，要精于做广告、讲故事，善定位、懂体验，要敢于把品牌推向全国，走向全球。

互联网时代下，品牌传播更要注意“碎片化”的挑战

《中国经济时报》记者：当前，互联网已成为人们传播交流的重要载体之一。你认为，在互联网时代，品牌传播又面临着哪些变化？哪些举措值得提倡，哪些需警惕或改进？

杜建刚：相对于电视广告、海报等传统品牌传播手段，在互联网时代下的品牌传播，呈现出平台性、互动性、快速性和传播与购买相容性特征，消费者受众则呈现出高度碎片化的特征，主要表现在媒介形态碎片化、受众选择碎片化、信息离散碎片化、受众需求碎片化等。

当前，新媒体平台支撑下的传播媒介众多，如微博、微信、视频网站等，

消费者可以通过这些社交载体与品牌零距离接触并获得立体的品牌体验。同时，移动互联的思维可以把线上和线下完美地结合在一起，并最终通过品牌传播直接引发购买行为。

可以说，正是由于互联网的存在，企业的品牌能够更迅捷地被消费者感知和触摸，并因此具有更强大的生命力。

因此，针对互联网下的企业品牌传播，我们提倡传播内容的真实性和正能量，在传播质量和能力的同时，注重传播内容的情感性、社会性和社会责任。切忌只博人眼球而忽视了内容的积极性，避免采用不当的事件炒作或过度侵入社交平台进行品牌宣传，引起消费者的反感。

同时，企业还要针对碎片化的特征，进行消费者的市场细分、需求细分、产品细分等，采用聚合性品牌传播来应对这种碎片化。

例如，可以制定出统一凝练的品牌定位作为聚合性信息内核，以统一的内容向外传播，最终通过多种形式的多媒体公共平台传送到单个消费者面前。信息虽然呈现碎片化，但消费者可以通过网络互动感知到碎片化信息背后的企业品牌内核。

《中国经济时报》记者：那么，在互联网背景下，你认为该如何抓住品牌传播痛点？如何化解与预防品牌危机？

杜建刚：在互联网背景下，品牌传播是把双刃剑，既给予了企业更便捷的传播手段，同时，企业的负面信息也传播迅速。互联网下的品牌危机一旦发生，则呈现出突发性、危害性、蔓延性和持续性的特点，对企业的负面影响极大。

为了预防危机的发生，企业首先应该严于律己，确保质量和诚信，同时注意传播内容的合理性和传播方式的适当性。对于已经发生的危机事件，企业也要及时担责、真诚致歉、坦诚沟通和统筹处理，争取早日渡过危机。

（执笔：胡畔，刊发于2016年12月20日《中国经济时报》，有微调）

提升品牌价值促现代农业提质增效

——访中国优质农产品开发服务协会执行副会长黄竞仪

加强品牌推荐和宣传，是农业品牌不断做大做强的重要措施。农业部（2018 年 3 月已撤销）正围绕稳粮增收调结构、提质增效转方式的工作主线，按照品牌化生产、产业化经营、品牌化营销的发展理念，加快培育一批特色突出、类型多样、核心竞争力强的农业品牌。

目前，我国农业品牌传播的发展环境如何？如何有效提升农业品牌的价值？《中国经济时报》记者专访了中国优质农产品开发服务协会执行副会长黄竞仪。

多元化积极培育品牌发展环境

《中国经济时报》记者：目前，我国品牌传播的发展环境（比如政策环境、法律环境、舆论环境、市场环境、学术研究等）如何？哪些领域有待完善？

黄竞仪：近年来，中国作为第二大经济体，跻身世界前列，但却是品牌弱国。这与我国品牌政策环境、法律环境、舆论环境、市场环境等不理想有关。之前，因为我国人口多，全民解决温饱都不容易，哪有财力购买品牌？那时，品牌似乎是奢侈品，很少出现在政府文件里，也很少被舆论传播。品牌似乎与大多数国人的生活毫不相干。

中国古代对品牌的直接论述不多，但强调口碑重要性的很多。“品牌”的“品”字是由三个口组成的，这里的口就是百姓的口碑，一个口生成两个口，两个口生成三个口，三个口便成了有“品”的事物。近年来，随着中国经济社会的进步，居民收入快速增加，中等收入群体持续扩大，消费结构不断变化，消费者对产品和服务提出更高要求，开始注重品质，讲究品牌消费，呈现出个性化、多样化、高端化、体验式消费特点。国内外知名品牌越来越多地开始出现在中国的市场，购买品牌产品的消费者越来越多。品牌商品，开始被舆论广泛传播；创造并保护品牌，出现在党中央和国务院文件里。品牌已上升到国家战略层面，品牌是企业乃至国家竞争力的综合体现，代表着供给结构和需求结构的升级方向。

2016 年 6 月，国务院办公厅印发《关于发挥品牌引领作用推动供需结构升级的意见》，品牌战略进入实施阶段。文件在强调“以增品种、提品质、创品牌为主要内容，从一、二、三产业着手，采取有效举措，推动供给结构升级”时，尤其强调了“增加优质农产品供给”，要求“加强农产品产地环境保护和源头治理，实施严格的农业投入品使用管理制度，加快健全农产品质量监管体系，逐步实现农产品质量安全可追溯。全面提升农产品质量安全等级，大力发展无公害农产品、绿色食品、有机农产品和地理标志农产品”。

但我们也要清醒地意识到，我国目前发展品牌的环境还不尽如人意，还需要加强政策的引导、法律的保护、媒介的宣传等。

《中国经济时报》记者：互联网时代，品牌传播手段面临哪些变化？哪些举措值得提倡，哪些需警惕或改进？

黄竞仪：新兴媒体的出现，使品牌传播手段出现了新变化、新特点。与传统媒体比较而言，新兴媒体在品牌传播上有以下几个优势。

一是快捷性。新兴媒体在快捷方面占有优势，品牌新闻可随时更新。比如，上午 9 时发布的品牌信息，同步就可在线上通过网站时讯频道、微博、微信等方式传播开来，且随时更新。比如，由中国优质农产品开发服务协会携手地方政府举办的“品牌农业中国行”信息，同步被当地网站或全国各大网站发布，提升了当地品牌农业的影响力。

二是多元性。数字网络品牌传播方式是多元的，可通过人民网、新华网、腾讯等大的网站传播，也可通过微信、微博方式传播，还可通过媒体客户端传播；既可以文字新闻方式传播，也可通过数字电视、手机视频传播，等等。

三是共享性。新兴媒体是大众最愿意分享的平台，因为差不多人人都拥有电脑、电视和手机，微信、微博的运用，让大众对品牌及相关资讯可随时记录随时发布，且受众和发布者的角色可随时转换。有时，通常的受众者通过“个人媒体”“自媒体”成为品牌的发布者；新闻工作者也许受不在现场的制约成为被动的接受者。

新兴媒体以上这些优势，无疑使品牌传播更为便捷，也对传统媒体传播方式提出了挑战。

正因为新兴媒体在传播手段与效果上有这些优势，自以数字网络等为传播手段的新兴媒体出现以后，传统媒体就注意到其潜在的挑战。一些有前瞻意识的媒体大咖们就积极采取应对之策，或整合传统媒体资源，将旗下报刊联为一体，或将网络新媒体收归旗下，通过网站传播传统媒体的内容，使传统媒体上的主要内容实现二次传播，提高传统媒体的影响力。比如，由农业部主管的月刊《优质农产品》杂志，创刊时间仅仅三年，在与新型媒体的融合上也做了探索。其把每期杂志内容同步发表于中国品牌农业网；把重点文章或报道，推荐到中央媒体和网站。一稿多次（包括传统媒体与新型媒体）融合性立体传播，提升了品牌农产品传播的时效性。

注重优质产品品牌锻造

《中国经济时报》记者：你认为，目前在我国进行品牌传播的社会环境如何？如何改善和提高？

黄竞仪：我认为我国目前品牌传播的社会环境总体来看是健康的。品牌，日益渗入国人的生活中。随着国人生活水平的提高，有条件的消费者开始很在意品牌，穿衣要穿品牌，买车要买品牌，买房要挑品牌开发商，吃的自然也要挑品牌农产品。

中国人品牌意识的苏醒还只是近些年的事情。经过几十年的努力，现在解决了中国人的吃饭问题。除了吃得饱，还要吃得好、吃得安全和放心，而这恰恰需要借助品牌的影响力。品牌体现着消费者对产品的认可和信任程度，好的品牌具有巨大的市场价值及感召力。当今国际市场已经从商品消费进入品牌消费阶段，农产品市场也不例外。市场竞争越来越体现为品牌之间的高端竞争，在全球市场上，20%的强势品牌占据了80%的市场份额。品牌是企业及产品在国内外市场的通行证，已经成为全球经济和科技竞争的制高点。

在我国，目前较有知名度的优质农产品明显在竞争上占有优势。刚刚由农业部和云南省人民政府共同主办的，在昆明闭幕不久的第十四届中国国际农产品交易会也证明，品牌农产品最受欢迎。消费者为什么要买这种优质品牌，而不买别的农产品，与品牌传播给他们留下的印象不无关系。

当然，我们也应该看到，我国品牌传播中也有不规范的恶性竞争行为。比如，同类产品品牌，媒体可能看哪家出的广告费多，对于这样的产品，宣传力度就大些，甚至出现宣传言过其实的现象。出现这种现象也并不奇怪，随着社会环境日益净化，品牌竞争日益规范化，言过其实的宣传会越来越少。我常常听到专家呼吁，要推进品牌农产品的优质优价。如何让农民早日致富？通过传播，让农产品的生产者、科研者、经营者重视品牌的锻造，提高品牌价值，是最佳路径之一。

《中国经济时报》记者：*你对品牌传播发展有何建议？*

黄竞仪：我认为要加强品牌的传播，一是在政策制定上，要鼓励并支持加强我国品牌传播；二是要加强品牌传播方面的相应机构建设；三是需要培养这方面的专门人才；四是现有的新兴媒体和传统媒体，要自觉将品牌传播视为己任。

一个国家要发展民族品牌，加强传播是一方面，更重要的是扎扎实实地培育、打造品牌。从农业品牌来说，我国是农业大国，不少农产品产量和消费量均居世界第一，但是缺少一批像荷兰花卉、沙特阿拉伯椰枣等具有国际竞争力的农产品品牌。有统计显示，当前我国优质农产品总量偏低，“三品一标”产品占整个农产品总量的比重不足20%。我国不少优质农产品只能占据低端市场，无法带来更高溢价，这与中国农业生产和贸易大国的地位还不匹配。与发达国家相比，我国农业品牌化建设还面临着信任度瓶颈、规模瓶颈、标准化瓶颈、科技瓶颈等问题。要让我国的品牌发展走上快车道，需要多方协力，解决这些瓶颈问题。

（执笔：王静宇，刊发于2016年12月21日《中国经济时报》，有微调）

加强工业产品品牌传播　助力实现制造强国

——访赛迪顾问股份有限公司高级副总裁文芳

工业因能够增加就业、促进科技创新、拉动消费、扩大国际贸易、减少财政赤字而拥有强大的造血功能，对经济的持续繁荣和社会稳定具有非同寻常的意义。从全球制造业的演变趋势与国家竞争战略变化看，伴随全球制造业升级的浪潮，工业产品品牌竞争将成为全球品牌竞争新的焦点。

品牌建设已经成为中国由制造大国向制造强国迈进的一个需要突破的关键。近年来我国工业产品品牌发展取得了一定的成就，但也面对着诸多挑战和困难。我国工业产品品牌建设取得了哪些成就？我国工业产品品牌还存在哪些关键问题？工业企业应该如何做好品牌推广的工作？为此，《中国经济时报》记者专访了赛迪顾问股份有限公司高级副总裁文芳。

《中国经济时报》记者：工业产品在中国创造、中国质量、中国品牌中都担当着重要的角色，你如何理解工业产品品牌价值具体的内涵？

文芳：我认为，工业产品品牌价值是指工业产品品牌在某一个时间点，用类似有形资产评估方法计算出来的品牌的市场价格，也可以指工业产品品牌在需求者心目中的综合形象的总体价值——包括其属性、品质、服务、档次(品位)、文化、个性等，代表着该品牌可以为需求者带来的价值。

要理解工业产品品牌的内涵，我们首先应看一下工业产品的分类。工业产品主要分为中间型工业品和最终工业品。中间型工业品经过再制造可以成为最终工业品或民用消费品。民用消费品包括耐用消费品，比如家电、家具、汽车等，也包括快速消费品，比如包装食品、个人卫生用品等。最终工业品包括工业或工程用最终工业品，如压路机、风电装备等，民用工业品，如高铁、民用飞机等，当然也包括民用消费品。简单看，整个工业品可以分为 2B（to Business，面向企业，商务模式之一）和 2C（to Customer，面向消费者，商务模式之一）两类。

从品牌价值视角看，2B 和 2C 两类产品的品牌价值的属性不同。2B 类产品的品牌价值侧重帮助客户提升盈利能力，是一种理性的、基于信任产生的价值；2C 类产品的品牌价值在于为客户提供使用价值，它是一种偏重主观、感性的价值。同时，2B 和 2C 两类产品的品牌价值传递的路径也很不相同，2B 类产品品牌价值的传递路径是长链传递，它有很多个触点，比如一家生产 2B 类产品的企业，在接待客户时，客户看到员工的精神状态或者企业管理中一些细节的问题，这些都有可能会影响到他对产品的印象。2C 类产品品牌价值的传递路径是短链传递，触点更加直接，比如广告宣传、口碑、使用感受等。

《中国经济时报》记者：我国工业产品品牌建设取得了哪些成就？

文芳：品牌是综合国家竞争力的集中体现，已经引起世界各国的重视。我国在过去 30 多年，经济保持高速增长，经济总量已经达到世界第二，尤其是近些年，质量品牌发展也得到充分重视和长足进步。主要概括为以下三个方面。

一是我国从国家战略高度重视品牌发展。2015 年国务院颁布的《中国制造 2025》，在九大战略任务中专门提出要加强质量品牌建设，把质量品牌建设提上战略高度；2016 年国务院办公厅印发《关于发挥品牌引领作用推动供需结构升级的意见》及《关于开展消费品工业“三品”专项行动营造良好市场环境的若干意见》，开始着手将品牌发展落到实处。这些大政方针的制定体现了我国对品牌经济发展的高度重视，是我国品牌发展的重要成就之一。

二是国内产品品牌数量在不断丰富。改革开放以来，我国经济发展从新中国成立初期的物资匮乏的卖方市场到品种丰富的买方市场，再到现在品牌经济发展的初步阶段，在各个产业中涌现出了很多知名品牌，如汽车行业、服装行业、家电行业、手机行业、电脑行业、家具行业等都有十强、百强企业排行榜，国内各大知名、著名品牌家喻户晓，品牌经济初见成效。

三是国内品牌开始走向国际。如很多专家判断所言，我国的品牌经济正处于初级阶段，但已经有了中国高铁、航天和核电三大名片，同时像家电、电子信息、工程机械等领域的很多品牌也走出国门，在全球市场中占有一定的份额。走向国际是中国品牌的发展取得的重要成就之一。

《中国经济时报》记者：那么，在总结成就的同时，我们也关注发展面临的问题，你能谈谈我国工业产品品牌还存在哪些关键的问题吗?

文芳：虽然我国品牌经济发展取得了一定的成就，但因为处于初级阶段，仍然存在问题。

一是研发设计薄弱，研发设计成为制约品牌建设的核心环节之一。研发设计的创新能力日益成为企业核心竞争力最重要的组成部分，它处于产品生命周期前端，是产品市场竞争的制胜法宝，是产品创造高附加值的关键。在我们自有品牌的出口中，每年因为工业设计与工艺包装的问题，损失外汇超过 200 亿美元。

二是产品质量水平较低，微笑曲线底端制约着品牌价值。目前，“中国制造”遍布全球，但在国际市场上，“中国制造”仍是“贴牌代工”的符号，由于在产品开发和质量品牌领域相对薄弱，很多企业被挤压在微笑曲线中间那部分利润率最低的加工制造区间。据统计，中国典型产品中技术源于本国的比例仅为 43%，美国等发达国家该数值达到 98.4%。

三是品牌的知识产权保护力度不足成为品牌价值建设的一大障碍。我国工业产品品牌保护意识不强，如国内知名的联想集团，其笔记本电脑在 2006 年打入欧洲市场时就遭遇了“联想”商标在多国被注册的问题，而我们的联想集团只能使用一个新的商标进军欧洲市场，使“联想”这个品牌不能在欧洲持续发展。对品牌的商标、专利、商业秘密及域名等知识产权的保护不力，直接影响了品牌价值的发展和延续。

四是品牌建设能力薄弱，自主品牌国际竞争力不强。我国自主品牌大多数属于劳动力密集型和资源密集型产品品牌，标准水平低，技术含量低，产品档次低，品牌知名度不高，而且缺乏品牌的管理和宣传。品牌建设已经成为中国由制造大国向制造强国迈进的一个需要突破的关键。

《中国经济时报》记者：你认为，在我们明确了工业产品品牌发展成就与问题的基础上，是否能够找到一条普适的路径来提升工业产品的品牌价值？

文芳：近些年，我们深入研究了工业产品品牌价值提升的问题，为了能够更好地对接国际标准，我们在研究品牌价值时，对工业产品的行业划分既参考了国家统计局的行业分类标准，也重点参考了联合国经济和社会事务部统计司发布的《全部经济活动的国际标准行业分类》，这个分类标准简称《国际标准行业分类》，也叫 ISIC Rev 4.0。这个国际标准中，将工业分为采矿和采石、制造业以及电、煤气、蒸气和空调的供应。其中，制造业又分了许多组和子组，工业产品的类别是特别多的，找到一条普适性的品牌价值提升路径相当不容易，但是我们必须要首先找到这样一条路径，然后才能在它的基础上去进行具体行业、具体产品的品牌价值提升路径研究。

我认为，这一路径的逻辑架构应该分为四个步骤。第一是工业企业首先要建立产品品牌或者企业品牌，并且有一定的品牌传播机制，这两个是非常重要的前提，只有具备了这些前提，才能谈得上提升；第二是要准确定位品牌价值提升的利益相关者，进而锁定品牌价值提升的主要行动者或者说是主要贡献者，目前看，工业企业就是最为核心的利益相关者，那它也应该是主要行动者，政府部门、行业组织、服务机构还有社会大众，在品牌建设方面都有自己的责任，但都是辅助者；第三是要分析主要行动者、辅助者之间的关系，明确其围绕工业产品品牌价值提升的互动机制，梳理清楚其是怎么相互要求、相互促进的；第四是根据动力机制寻找不同主体关于提升工业产品品牌价值的动力来源，这种动力转化为实践，就能够真正地提升工业产品的品牌价值。

《中国经济时报》记者：现在不少人似乎更认同“酒香也怕巷子深”这一说法，你认为，工业企业应该如何做好品牌推广的工作？

文芳：关于这个问题，我先举一个例子。我们都知道，早年间日本是以食品安全著称的，实际上这种安全是由一系列制度来保障的，这些制度保障里既包括相对完善的法律法规，包括通过消费者协同组织赋予了消费者很高的谈判能力，还包括一个非常重要的方面，就是食品企业非常注重食品安全的信息交流机制。

在 2010 年，日本农林水产省启动了一项叫作“Food Communication Project”的行动，中文翻译叫作“食品安全交流工程”，它的目的就是由政府推动、鼓励大型食品企业去加强和社会公众的食品安全信息交流，以此来增强消费者的食品安全信心，同时，鼓励中小企业和大型企业之间加强交流，促进行业间的信息沟通、产业链上下游间的信息沟通，通过这种沟通让大型企业发挥一个产业链主导企业的作用，确保它的供应商和下游的流通、分销渠道都能够按照它的要求来提升食品安全管理能力，最终向消费者呈现一个完整的食品安全管理体系。

虽然这个例子比较早了，但我们依然可以看到，工业企业要不间断地开展关于产品、品牌、企业文化的传播推广工作，因为互联网时代是一个信息量非常庞大，但信息本身真假难辨、泥沙俱下的时代，企业要在这样一个舆论环境里凸显自身品牌的价值，需要练好品牌传播的内功，也需要打开视野，放眼全球，去借鉴那些先进的企业或者组织品牌传播的创新经验，这项工作绝对不可怠慢。

（执笔：王静宇，刊发于 2016 年 12 月 22 日《中国经济时报》，有微调）

品牌发展：互联网时代需要“危中求机”

——访奥美公关经营合伙人宋磊

“中国改革开放三十余年，很多企业走完了西方发达国家企业上百年走过的路。但现在，中国的市场日趋成熟，企业日趋成熟，都开始显现出特性，在品牌建设方面也是如此。我们过了最初如饥似渴从零开始的阶段，接下来我们需要做的是面对现实、踏实做事，慢慢探索，才能建立适合中国发展特色的企业品牌途径。而不是囫囵吞枣，照搬旧的模式。”奥美公关经营合伙人宋磊用直白的语言向《中国经济时报》记者点出了目前中国企业品牌方面的现状。

诚然，随着经济发展，中国的很多企业对于品牌建设、传播都开始有所了解，国家也出台了政策支持其发展，例如 2016 年 6 月，国务院办公厅印发《关于发挥品牌引领作用推动供需结构升级的意见》，“酒香不怕巷子深”观念已经在转变，但是关于如何做，企业大多还处于只知其一不知其二的状态。为此，《中国经济时报》记者专访了奥美公关经营合伙人宋磊，从中国品牌建设、传播的现状、企业对品牌建设、传播认识误区、互联网背景下品牌建设、传播面临的挑战及如何应对这几个维度出发，讨论了中国企业应如何进行品牌建设与传播。

中国企业品牌建设最缺的是战略而不是执行

《中国经济时报》记者：中国在品牌建设、传播方面的现状如何？

宋磊：中国跑得太快，短时间内实现了从 0 到 1 的过程，因此，中国在很多领域，产品、组织机构都还处于粗放型发展模式之下，品牌的建设和传播也是如此。

目前，中国企业形态众多。创业企业需要品牌解决生存问题，“青年企业”需要让品牌帮它们解决转型升级问题；“中年企业”，例如华为、联想则需要让品牌帮它们成为顶级组织。因此，对于中国企业来说，打造品牌关键不是考虑执行手段，而是考虑战略，这才是根本。

品牌战略如何向上和商业战略、市场战略连接，如何向下和整合传播连接对企业而言至关重要，全盘考虑才能让品牌应有的价值发挥作用。很多企业都寻求转型升级，转型升级需要各领域人才都具备高水准。中国似乎拥有大量专业领域的资深人才，但是他们很多是在外企培养起来的。而成熟的跨国企业的管理相当严谨和细致，大多数策略层面的决策是在国外总部做出然后下放到各级的。因此，中国传播方面的现状表现为：在国外，运用很多成熟理论和方法论做出的决策，并未结合国内的市场特性、社会文化特质、企业现状。这样的情况在中国市场不成熟的时候其实弊端是不明显的，但是现在，如果脱离了跨国企业的客观环境，将之应用于国内企业，就会凸显出很多问题。其实，即便是跨国企业，现在也越来越重视中国市场很多方面决策的特殊性，并开始进行调整。

中国的商业背景异于西方，发展过程、市场环境、企业运转均不同，因此我们需要的是创造者。处于 0 阶段时，西方关于品牌方面的理论思维对于当时的我们来说确实是有益的。可当中国发展到 1 阶段时，若还只是照搬国外的模式，就会“水土不服”，这不是引进一些资深外企高管就能解决的，毕竟品牌、传播工作不是孤立存在的，对于现在的中国企业来说，只具有丰富的策略执行经验，是无法制定出真正能够帮助企业转型的品牌战略的。

不过，我们必须认识到，毕竟中国从 0 到 1 这个过程只经过了几十年，远远不能与发达国家的一两百年商业社会相比，我们不必“吐槽”，只要面对现实，脚踏实地一步步来就好。现在，很多中国本土的企业主已经隐约意识到这一点，不再盲目地迷信所谓“高大上”的理论和模型，这就是进步，未来只要我们做多过于说，自然能探索出属于自己的道路。

《中国经济时报》记者： 有人曾提出在当前企业品牌建设中，公关第一，广告第二。公关建立品牌，广告维护品牌。此观点结合中国实际要如何理解？

宋磊： 这是西方在20世纪80—90年代的提法。在那个时候，信息传播技术手段有限，广告属于更视觉化的内容表现形式，所以它在促进销售、形成瞬间好感方面效果明显，是一个快速的感性沟通形式。而公关是主要利用文字辅以图片通过长时间深度沟通的传播，是一个相对理性的慢过程。这无所谓谁第一谁第二，那种说法只是一种修辞方式，强调不要忽略公关的作用。毕竟公关感觉上不如广告光鲜和引人注目，效果也并不是那么直接和容易度量。

“公关第一，广告第二”所讨论的内容对于现今的中国企业来说其实并不是那么重要。传播这件事，不论技术怎么演进，媒体如何变化，其本质的东西从来都没变过：传播什么——内容；传播给谁——目标人群；怎么传播出去——渠道或媒体；效果怎么度量——评估。至于谁第一谁第二并不重要，能有效实现企业商业目的的，就是好的。

互联网背景下挑战：关键在于观念的转变

《中国经济时报》记者： 互联网时代，媒介环境的变化和新技术的进步给品牌建设与传播带来了哪些变化和挑战？

宋磊： 的确带来了变化。首先的变化是品牌主想要建设品牌、维护品牌变得比以前复杂得多。相应地，为品牌服务的我们也必然面临严峻的挑战。互联网技术的普及给传播行业带来的挑战主要是三个方面：第一，传播的速度与方法的复杂度呈几何级数提升。第二，对于专业从事传播的相关企业或者组织而言，传统的管理运营模式无法适应市场的变化。第三，新型人才匮乏，原本在行业内分工明确只需各司其职即可，而“互联网 +”时代叠加经济环境与市场竞争，要求人才需具备新技能以及多重技能。所谓的新技能，比如对大数据的了解和运用，多重技能指的是将原有的行业基本技能叠加新的技能组合在同一个人身上。可目前来说，这种素质的中高级人才缺乏并且转型困难。反倒是“90 后”的新人，不存在传统的桎梏，只是欠缺眼界与经验而已，而这恰恰又需要时间的积累。所以，全行业现在呈现出一种人才青黄不接的状况。

面对新的挑战，只要能够真正掌握上面提到的传播、品牌的本质，经过一两年的发展还是可以应对行业变革的，这其中最重要的是思维的转变。当然，市场越来越激烈的竞争关系也会逼着大家去尽快适应，满足如今的品牌建设、传播所需。

《中国经济时报》记者： *在互联网时代背景下，如何应对品牌危机？*

宋磊： 首先，要清楚过去是怎么应对的、为什么，才能知道现在哪些变了，应该有什么新的应对方法。

我们很多企业主或者品牌主都只是将危机处理简单地理解为“灭火”或者删除负面消息，这个观念并不正确。即便在没有互联网的年代，危机的处理也绝不仅仅是简单删掉有负面信息的新闻稿件。

品牌危机往往是与大众联系在一起的，因此需要全面了解所处地区的人文环境或者说社会特点。

所以，具体问题还是要具体分析，不能教条地搞“一刀切”。

认清大环境的同时，再来看传播技术问题。过去由于传播的途径有限，仅需要了解报纸、杂志、广告、电视这些传播渠道的规律，一旦出现危机可以实现绝对控制。因为受众接触信息的来源非常透明和清晰，只要把控住危机信息源头就控制了传播范围，所以短时间内纵使信息源造成了传播效应对品牌的伤害也不大。这也造成了社会大众普遍认为危机公关是删除负面消息。

实际上危机公关没有这么简单，特别是随着移动互联网和社交应用软件的崛起，往往面对危机时企业看不清源头在哪里，且传播的途径也是复杂的，理论上存在所有人都能瞬间让全球人听到自己声音的可能性。所以把危机公关单纯理解为“灭火”远远不够，而是要回归危机公关的本质。其实，危机公关的本质不是说控制受众相信谁，是给受众多一个选择。

互联网时代，企业想要在发生危机时毫发无损几乎不可能，因而，危机公关的战略应该是止损，哪怕减少一分总比不减要好。战术上，在了解了现状后，能做的就是讲出事实给大众第二种选择。

当危机出现时，首先要考虑是否对企业有实质性伤害，如果没有只需要冷静对待，因为互联网中的大众对一件事的关注不会持续很久，随着时间流逝，不实信息影响力会逐渐降低。

如果危机会伤害到企业品牌或者业务，这时需要做的是讲出事实或者是另一种观点取得大众的信任，从这样的角度出发制定更多的应对危机的策略才能够尽可能地化解危机。事情都有两面性，受众盲目回应也一样，可以为危机所用，也可以为化解危机所使，关键看怎么用。

（执笔：张丽敏，刊发于2016年12月23日《中国经济时报》，有微调）

企业应树立品牌愿景和品牌精神

——访北京华通明略信息咨询有限公司客户总监马慧君、李晓睿

品牌是企业乃至国家竞争力的综合体现，代表着供给结构和需求结构的升级方向。当前，我国品牌发展严重滞后于经济发展，产品质量不高、创新能力不强、企业诚信意识淡薄等问题较为突出。

那么，互联网时代，品牌传播手段面临哪些变化？品牌传播行业发展现状和前景如何？针对以上问题，《中国经济时报》记者采访了北京华通明略信息咨询有限公司业务拓展和集团客户总监马慧君与北京华通明略信息咨询有限公司首席客户总监李晓睿，以期从品牌传播领域咨询公司的视角进行分析。

多触点结合提高品牌传播有效性

“我们帮助企业评估广告创意的效果，比如消费者是否真的喜欢该创意，市场投入是否真正提高了产品的销量等。通过数据及研究帮助企业提升品牌传播的有效性。”马慧君介绍道。帮助企业进行产业链最后环节的战略评估、品牌策略以及品牌健康度追踪的咨询类企业更加清楚品牌传播行业的发展现状及趋势。

目前，本土品牌对这种研究和评估的需求在快速增长。一方面，由于市场的成熟度在提高，企业越来越重视消费者的意见和反馈；另一方面，外资

企业人员的加入，也为本土企业注入这种以消费者为中心来展开研究的理念。

“在我看来，从事品牌传播的机构有责任帮助本土企业在品牌建设和传播方面做得更好。”马慧君表示。

那么，互联网时代，品牌传播手段面临哪些变化？

马慧君表示，在互联网和移动互联网发展的大趋势下，品牌传播的手段发生了相应的变化。第一，媒介沟通的手段趋于复杂、丰富，消费者所接触到的品牌传播碎片化趋势明显。第二，大数据时代能够很好地追踪、分析个人行为、偏好等，进而通过聚合技术向消费者精准推送信息，甚至提供定制化内容。第三，VR（虚拟现实）、全息影像等新技术的应用带给消费者更好的体验感。

“在这样的背景下，品牌传播不能拘泥于单一的传播手段，而应当思考如何打造媒介与媒介之间的合作模式，以提高传播的有效性。”李晓睿补充道。

企业应树立长久的品牌愿景

对于近年来品牌传播行业发展现状，马慧君认为，近年来，政府和企业越来越关注品牌的价值，同时也越来越意识到品牌传播的重要性。但是，由于不少中国企业在如何有效传播、如何构建品牌建设的系统化思路、如何打动消费者等方面存在一定的疑惑和局限，加之缺乏国家层面的行业标准，品牌传播的质量和效果良莠不齐。“我认为传播的质量取决于品牌意识，以及是否选择一些专业的机构来合作。”

随着传播媒介的多元化发展，品牌传播资金投入的有效性也在提高。数据显示，在我国，汽车、科技、互联网、快消品等行业每年在品牌传播方面的投入基本都占营业额的5%~10%。近年来，品牌传播的整体费用维持在该水平，而传播触点和方式日渐丰富，在互联网、移动互联网以及内容社交上的投入比例在加大，而在传统媒体上的投入比例在减小。在这样的背景下，如何更好、更有效地花费成为目前品牌方（甲方）以及从事传播行业的机构（乙方）共同关注的课题。

此外，马慧君认为，虽然目前创新已经成为品牌传播行业的一大趋势，但是存在急功近利的现象，一些企业追求短期盈利多于品牌的长期建设，缺少战略与远见。

马慧君认为，品牌传播既要了解消费者喜好，同时也要坚守品牌自身的原则，树立企业的社会责任感，要在品牌建设和传播中融入深度思考。目前技术的快速发展伴随着一些媚俗或低端化的趋势，这是值得品牌方以及从事品牌传播的机构警惕的，品牌传播需要有正确的引导，传播正确的价值观。

李晓睿表达了类似观点，她认为，企业要树立长久的品牌愿景和品牌精神，在这个愿景架构之上，再分层次地与消费者进行情感沟通，提高传播效率。

同时，李晓睿表示，“中国制造”日渐由价格驱动走向价值驱动，不仅产品品质在不断提高，品牌也更擅长与消费者做沟通，与消费者建立情感联结。从这个角度来看，本土企业比国外企业更有潜力，发展前景良好。从事品牌传播的机构也会更倾向于与本土企业合作沟通。在李晓睿看来，广告、公关、管理咨询公司等从事品牌传播的机构有义务引导品牌方树立起正确的品牌意识。

“一个好的品牌，需要满足关联度、区隔度和活跃度这三点。”马慧君强调。首先，需要与消费者产生关联，满足他的需求。其次，要与其他品牌区隔出来，能够引领潮流。最后，提到该类产品要让大众快速想到。这三个方面做好了，那么品牌在大家的头脑阶梯里就能排得比较靠前。这样的品牌，品牌力是很强的，而品牌力又会引导到销量、溢价能力以及未来的市场潜力上。

在预防和应对品牌危机方面，马慧君认为，首先，品牌诚信至关重要。其次，在大众传播背景下，企业应当向公开透明化的方向转变，不要刻意向消费者隐瞒信息。最后，品牌一旦出现问题，企业应当及时站出来承担责任，表明态度和立场。日常运营中，企业应当通过调研等方式，进行舆情监测，及时化解风险。

跨界融合浪潮下诚信意识亟待加强

在“互联网 +”背景下，从事品牌传播的机构也面临一系列调整。

在李晓睿看来，在互联网和大数据浪潮中，程序化购买代替人为的媒介购买成为一种趋势，当传统数据采集方式受到冲击时，不管是广告公司、公关公司、媒介公司或是研究公司等，都面临被新技术所替代的风险。因此，在变革的时代，这类机构也面临着由根植于传统媒介土壤生存向“互联网 +”方向转型。

马慧君认为，第一，品牌传播行业存在缺少诚信、不尊重乙方知识产权的现象。现在存在甲方骗标的行为——乙方在竞标过程中为甲方提供方案后，甲方将乙方的方案据为己有。因此，亟须加强知识产权保护，亟须通过行业规范等途径保护乙方合法权益。同时，双方也应当本着自律、诚信的原则来合作。

第二，目前品牌传播行业竞争激烈，因此存在乙方恶性竞争、赔本竞标的情况。这样无法保证中标后提供高质量的传播方案。

第三，在跨界融合的趋势下，公关公司、广告公司、媒介公司、研究公司的职能有所重叠或不明确，如何让各类机构更加有效地进行合作，也涉及行业规范、诚信建立等问题。

（执笔：陈婧、刘籽昕，刊发于 2016 年 12 月 23 日《中国经济时报》，有微调）

创新“工匠精神” 传承老字号品牌

——访中国贸易促进会研究院国际贸易研究部主任赵萍

2016 年 6 月，国务院办公厅印发《关于发挥品牌引领作用推动供需结构升级的意见》，力促品牌经济的发展。当前品牌建设日益受到党和政府的重视，习近平总书记提出推动中国制造向中国创造转变，中国速度向中国质量转变，中国产品向中国品牌转变。

老字号是中国品牌的重要组成部分，其传承与发展对中国的品牌建设具有重要意义。近年来老字号发展停滞不前的原因有哪些？老字号品牌振兴出路在哪？《中国经济时报》记者就以上问题邀请中国贸易促进会研究院国际贸易研究部主任赵萍进行解读。

老字号是中国品牌的重要组成部分

“目前被认定的中华老字号有 1128 家企业，其中仅有 30% 左右的老字号企业。”赵萍谈到，大部分老字号由于体制和观念落后、产品和技术陈旧、产品短缺、人才流失以及品牌意识淡薄等原因，经营状况惨淡。

当前，品牌消费已成为中国居民消费的主流，品牌建设日益受到党和政府的高度重视。赵萍指出，截至 2016 年 10 月，在国务院的 4570 份政策文件中，提到“品牌走出去”的文件有 116 份，其中 71.6% 都是 2011 年以后发布的，尤其是 2016 年，发布了 20 份。借助当前政策优势，发展老字号品牌正当其时。

赵萍表示，老字号本身具有三重属性，除了一般商品所具有的商品属性和价值属性之外，老字号还具有附着特定的文化、在文化层面与其他商品和品牌区分的重要特征，即文化属性。老字号企业凭借其历史积淀、文化积淀，形成巨大的商业品牌价值，老字号的文化属性决定了其成为中国品牌的重要组成部分。

发展老字号需紧抓受众差异化需求

我国的大部分企业，特别是大中型企业都认识到了品牌的重要性，并且形成了以商标为载体的品牌运作意识。但是也存在一系列问题，诸如把品牌塑造仅仅当作营销推广的一部分，对品牌核心价值重视不够，对商品的质量安全和售后服务重视不够，认为打造名牌就是大量投放广告、千方百计地提高知名度等。

“老字号发展不仅在于营销推广，质量是老字号发展的基础，要重视工匠精神的作用，引导消费结构升级。”赵萍指出，消费结构升级的主要任务，一是从低档次、无品牌的商品消费转向高档次、品牌和知名品牌消费，消费者更加注重商品的品质；二是从以商品消费为主转向商品和服务消费并重，服务消费的占比和增速都在不断提高。

值得注意的是，随着竞争的加剧，同行业中各个企业的品牌理念和品牌文化越来越相似，表面的差异化早已是明日黄花。

赵萍认为，服务差异化使企业能够有效规避雷同的伤害，其基本出发点和根本目标，就是把老字号的创新能力和市场需求相互打通，满足消费者“求新”和企业“求变”的共同愿望与诉求。同时，提供超出消费者期望值的个性化服务，具有不可替代性，使需求得到无限延伸，使其作为品牌的化身有效地促进品牌创新。

“工匠精神”传承与创新并行不悖

“创新是发展的不竭动力，‘工匠精神’和实现创新二者并不矛盾，而是相辅相成的。”赵萍谈到，“工匠精神”的目标是打造本行业最优质的产品，核心是追求科技创新、技术进步，真正的工匠在专业领域上绝对不会停止追求进步，而有了创新，“工匠精神”才能更好地得到传承，工匠才能不断提高技术水平，产品才能拥有更强的竞争力。

讲好中国故事，建立文化自信。一些受过现代教育、在现代社会环境成长起来的新一代，可能不太愿意按照老的方式去从事这些老字号的生产或者销售，赵萍对此表示，应该用他们能够接受的方式强化老字号的宣传，建立老字号的核心价值观。

创新，不能只是从市场和商品本身的层面上考虑。首先，老字号本身有文化层面的意义，传统文化与现代文化结合上要有更新的思路；其次，应重视产品创新，与人们的生活方式、价值理念，时尚、流行，甚至一些新的社会文化运动结合起来；再次，做到有重视员工、重视消费者、重视地区社会的思考方式；最后，遵循“三方有利”原则，即对卖方有利、对买方有利、对社会有利。

另外，做好国内市场是起点。中国企业的品牌国际化之路必须从国内市场开始，在国内市场树立良好的品牌形象，提高品牌附加值；只有在国内获得了足够的经验和实力之后，再进行品牌国际化，才能真正在国际市场上站稳脚跟。

（执笔：王晶晶，刊发于 2016 年 12 月 27 日《中国经济时报》，有微调）

加强品牌全体系建设 促进品牌科学规范发展

——访传立媒体北京分公司董事总经理张宁、副总经理刘京

随着人们日益增长的物质文化需求，品牌成为企业竞争中软实力不可或缺的一部分，品牌被赋予的意义显得越来越重要。日前，《中国经济时报》记者采访了传立媒体北京分公司董事总经理张宁和传立媒体北京分公司副总经理刘京。作为一家全球性的媒介代理公司，该公司在全球有超过7000多名员工致力于为客户品牌及企业打造有竞争力的优势营销。两位业内资深人士从行业角度分析了我国在品牌建设与传播方面应如何更好发展，仍需要注意哪些问题。

品牌传播进入深度革新期

近几年，我国在促进品牌建设方面不断出台相关文件，2016年6月，国务院办公厅印发《关于发挥品牌引领作用推动供需结构升级的意见》，2016年7月发布的《质量监督检验检疫事业发展“十三五”规划》提出实施质量品牌提升工程，发挥标准引领作用。

“随着我国经济进入质量更高、效益更好、更可持续的新的发展阶段，品牌传播也由刚开始的探索进入深度革新的时期。”刘京说，一方面，我国品牌理论在不断完善，英、美等品牌传播理论虽然相对成熟，但由于市场结构和品牌发展周期不同，国内品牌广告投放与国际品牌广告投放呈现出较大差异

性，如果把西方的品牌传播理论应用到我国仍需要进一步进行革新。另一方面，互联网技术对品牌化运作的影响越来越大，通过程序化投放提升品牌传播的效率，促进品牌传播的革新。

不少人认为中国品牌创新创意不足，刘京则持不同意见，他认为，我国有着特色的品牌规划路径，让传播方法各具特色，且都取得不错的效果。例如，伊利、加多宝等通过季播综艺栏目冠名取得成功，以京东为首的互联网电商品牌化运作等，都走出了中国特色的品牌发展方式。

张宁介绍，品牌传播受多方面因素的影响，诸如经济发展形势、文化传播等，不能仅从品牌自身角度考虑品牌的发展。目前，我国的品牌传播行业主要聚焦在品牌咨询公司、广告代理公司，部分媒介传播公司也担负起了为客户树立品牌形象的责任。品牌表达了消费者对产品及其性能的认知和感受，也是企业最持久的资产。品牌传播需要思考如何长久、有效占领消费者心智，张宁坦言，现状并不尽如人意。一方面，由于受经济增速放缓影响，很多厂商纷纷削减广告传播费用，另一方面，厂商给品牌传播公司的费用也降低了，这在一定程度上影响了品牌传播的效果。

张宁认为，最终决定品牌发展的还是产品是否能为消费者带来价值，这需要企业内部员工定期审计品牌的优劣势，交流品牌发展现状、回顾所有的消费接触点是否都支持品牌的定位。另外，企业的每位员工也应成为企业品牌的标志。

补足品牌建设与传播的人才短板

人才短缺是品牌传播面临的最大挑战，需要建立系统的人才培养体系。刘京认为，首先，大学很少设置系统的品牌传播专业，市场营销和广告专业也是近些年才走向成熟，目前大部分市场营销人员更多是从行业内部培养出来的。其次，在如何评价品牌传播人才上没有统一的标准，大多是通过经验和主观判断去挖掘和招揽人才。

张宁认为，品牌传播公司如果没有更多的资金支持，就无法吸引和培养更多的人才，留住更好的人才。她表示，当前品牌传播的专家型人才不多，从整个品牌传播行业来讲，还有很长的路要走，唯有找到一条真正有所突破的路，该行业才能更好发展。

相较而言，国外在品牌建设与传播上有了丰富的积累，无论是理论体系还是人才体系都比较完善，并不断进行创新。如何去做一个品牌且规划和实施，是国外所谓的品牌师要思考的。在同一理论体系下，品牌师之间的交流空间很大。

“建议成立品牌传播机构或营销协会，也可以诸如注册会计师一样，设营销师或品牌师资格证，这都有助于品牌专业人士的发展。”张宁建议，我国在培养品牌专业领域人才的时候，需要加强职业教育，更要有针对性地培养某一方面的专业人才。

在培养品牌师，促进品牌建设与传播上，刘京称，培养一个品牌，就像培养一个孩子一样，把它从小孩子变成有独立个性的个体，需要有人在背后不断努力，品牌师无疑有助于品牌的成长。

“我国有培养品牌师的意识和规划，肯定是一个好事。但是，要明确品牌师如何界定，对品牌师的要求是什么。”刘京建议，这些都需要从国家的顶层设计上把与品牌建设相关的政策、法律法规和一些具体评估指标不断完善，让品牌建设更加规范化和科学化。

张宁表示，真正从事品牌传播的人，大多是言传身教，专家型品牌人才培养尚不成体系。一个好的品牌师应该是理论和实践更好结合，因此，公司要有成体系的学习系统，行业需要有成体系的监管系统，这有助于专业型人才的发展，发挥品牌传播的作用。

品牌建设与传播亟须成体系、规范化、科学化发展

除了人才短缺的问题，我国在成体系加强品牌建设与传播方面仍面临着挑战。刘京表示，从品牌端，我们要进一步实现中国特色品牌建设的规范化、科学化，建立适应我国品牌传播行业标准的理论体系、适应全球化的品牌管

理方法来推动我国的品牌建设。

刘京表示，目前我国的品牌行业标准和理论体系还不完善，大多数企业对品牌定位和品牌传播进行内部规划，每个品牌在评价自己的时候都有一套理论体系。总体来说，我们还面临着品牌传播的行业标准不统一的现状，“我国的品牌要想实现弯道超车，和外资品牌做抗衡，一要对本土文化有深刻了解，二要做好品牌传播的中长期规划”。

此外，在监管上，受访者一致认为，我国在该行业领域并没有规范的监管标准，国外有专业的营销人员进入营销协会，但国内这部分尚属空白。

“国内优秀品牌难以在世界上立足的主要原因是在市场定位和经营战略等方面缺少科学的长期规划。”刘京说，国内品牌一般有了一定的市场口碑后，在传播方面缺乏延续性和长期规划，导致产品的传播“调性”发生很大变化，不利于品牌的可持续发展。

张宁表示，目前厂商自身打造品牌的意识逐渐增强，但是品牌建设的力度和规范度都不够，在品牌体系建设方面仍需很大提升。建议厂商在树立品牌的时候，从宣传上做好长远规划，沉淀品牌资产。

“这就需要克服大部分企业在品牌传播上的着急和浮躁心理。”就当下部分企业追热点炒作品牌的现象，张宁说，虽然通过互联网，大大缩短了品牌的传播速度，若企业一味靠追热点事件来炒作品牌，没有有效传达品牌利益点和沉淀品牌资产，对品牌是一种伤害。

张宁提醒企业家，定期做品牌审计对企业的发展至关重要。应评估品牌的优劣势和品牌的发展程度，看其是否通过有效传播带给顾客真正的价值，顾客是否支持品牌定位等，而这些归根结底都要回归到品牌建设中，即企业要请专业机构对品牌发展愿景和要传递给顾客什么信息做好有效评估。

值得注意的是，目前企业在品牌传播方面更倾向于品牌咨询和传播公司为其提供定制化的有效服务。张宁建议，品牌咨询机构应抱团发展，为不同规模的企业搭建对接平台，无论企业规模大小，都可以享受到专业的定制化服务。

（执笔：王晶晶，刊发于 2017 年 1 月 9 日《中国经济时报》，有微调）

用品牌驱动全球化发展

——访青岛啤酒股份有限公司董事长孙明波

114年，对于一个企业来说走过的是百年的历史与沧桑。几代青啤人用变革和创新突破了企业发展速度随年龄增长而放缓的传统企业发展宿命。青岛啤酒，一个用精酿品质为中国制造赢得认可与尊重的品牌，获得了全球消费者的“点赞”。

近年来，青岛啤酒连续两次获得英国《金融时报》发布的“中国十大世界级品牌”，是美国《商业周刊》评出的5家“已获得相当认可”的全球企业之一；连续11次荣膺《财富》“最受赞赏中国公司”称号；“亚洲最受尊敬的知识型组织（AsianMAKE）大奖”等殊荣。当前，作为全球第五大啤酒生产商，青岛啤酒品牌价值为1168.75亿元，居中国啤酒行业首位，跻身世界品牌500强。

青岛啤酒股份有限公司董事长孙明波在接受《中国经济时报》记者专访时表示，青岛啤酒用“好人酿好酒”的时光精酿打造中国商业诚信与文明的践行者。以品牌驱动全球市场发展，对话全球消费者，这是青啤的诺言，更是永不停止的脚步。

高品质是立身之本

《中国经济时报》记者：没有过硬的产品，就没有叫得响的品牌。请谈谈青岛啤酒这么多年是如何保持高品质的？

孙明波：1903 年，青岛啤酒股份有限公司成立，三年后，还相当年轻的青啤，就因口感独特、品质卓越在德国慕尼黑博览会上获得金奖，“年少成名”的青岛啤酒从那一刻开始，似乎就注定要肩负起“中国品牌荣耀”的责任。沧海桑田，一百多年的时间里，青岛啤酒并没有被时代的变迁阻挡前进的脚步，始终秉承严苛的酿造标准，酿造高品质的中国啤酒。

每当看到全球消费者畅饮青岛啤酒的满足瞬间，青啤人深知每一滴青岛啤酒，都要经历 1800 多道关键质量检测点的“千锤百炼”。百余年来，青岛啤酒在生产环节始终恪守精雕细琢般的“慢”的坚持。

行业内“最长低温发酵工艺”，遵从酿造啤酒的自然法则，给“啤酒之魂”酵母充足的时间，让它充分生长、自然繁衍。正是这种“慢”的坚持，让每一瓶青岛啤酒的背后，蕴含着外人无法想象的精雕细琢。酿酒用的大米必须是脱壳 3 天之内的新鲜米；生产现场酿造水每隔两小时就得品尝一次；输送酒的管道是用啤酒“刷”干净的；甚至连刷瓶水、瓶盖中垫片的“煮沸水”都要全过程用“嘴”把关；生产所用的压缩空气也要进行细菌检测。这就是青岛啤酒在质量管理方面实实在在的细节。不夸张地说，青岛啤酒是用一百多年的旷日持久去精酿一杯好啤酒。

在青岛啤酒，品质文化的价值至高无上。“好人酿好酒”的质量文化无不蕴含着“诚信、严谨、精益求精、追求完美的苛刻坚持”，一切以制度为保障的价值观的塑造，不仅在青岛啤酒内部发挥着重要作用，也影响着合作伙伴。青岛啤酒始终倡导“360 度”的大质量观念，以此深化推行全面质量管理，将产品质量、品牌质量、服务质量、物流质量等涉及产品各个方面的工作都纳入质量管理体系，提升质量管理的系统性和全面性。质量控制不仅仅是停留在传统的保证产品品质这一层面上，还要向产品的上下游进行延伸，建立一整套从研发、原料、生产、物流、售后到消费者的全过程的闭环式控制品质保障体系。

高品质始终是青岛啤酒百余年来发展的立身之本。这是一代代青啤人用百年时间，坚持打造的一份对品质的执着，特别在全球啤酒行业迎来差异化、品牌化消费的时代，青岛啤酒用时光坚守的高品质雕琢出了中国啤酒的品牌企业。

积极融入“互联网 +”

《中国经济时报》记者：“互联网 +”正带来日新月异的变化，在此背景下，如何通过信息化与传统技术相融合，让消费者喝到口感好、品质高的啤酒呢?

孙明波：“互联网 +”时代下的啤酒怎么酿？我认为应该是“鲜”行天下。

早在 2014 年，一款“只有酿酒师才能喝到”的青岛原浆啤酒，在互联网基因的“发酵”催生下，走上了寻常百姓的餐桌。在啤酒诞生的 6000 多年后，在啤酒工业化的 100 多年后，通过信息化与传统技术的融合，让人们又喝到了酿酒师以艺术家的方式酿造的啤酒。青岛原浆啤酒是未经过滤处理直接从发酵罐中分装的生啤酒原液，由于它只有 5 天的保质期，还必须低温保存，因此很难在几天里把它冷藏运到千里之外，送到消费者手中，即使能做到，成本也太过高昂。

但在互联网时代，青岛啤酒和电商联手让这种原浆啤酒再次复活。今天的消费者在家动动鼠标、网上下单，24 小时内就能喝到刚刚下单的原浆啤酒。青岛啤酒通过创新，让“鲜”成为互联网时代啤酒品质的新标尺。而青岛啤酒的创新实践，不满足于仅仅把线下的啤酒搬到网上，那只不过是换个渠道，还要把互联网当成创新工场。符合互联网规律的定制产品，让消费者感到“惊喜”的产品才是真正的互联网啤酒。

现在的企业经营，一只眼要盯着“持续改进型创新”，另一只眼要紧盯“自我颠覆式创新”。青岛啤酒认为，只有两条线都紧紧盯住，为全球消费者多元化的需求不断创造“惊喜”，才是中国品牌基业常青的路径。

守正出新，是青岛啤酒打造“拥有全球影响力品牌的国际化大公司”的竞争法则。守正就是要守住企业的核心竞争优势，比如青岛啤酒的百年好品质，要永远满足消费者需求；对于“出新”的最好诠释就是与时俱进、以新求鲜。传统企业的创新不可能像新兴产业那样从零开始，但只要掌握变与不变的辩证法则，就有可能在坚守中创新，在创新中坚守，从而赢得美好的未来。

“走出去”只是第一步

《中国经济时报》记者：国际化大公司的一个重要特征就是品牌的国际化，青岛啤酒这些年在品牌国际化方面下了哪些功夫？

孙明波：品牌有归属，市场无国界。在全球经济一体化的今天，国际化是任何一家致力于基业常青的企业的必然选择。纵观啤酒行业大势，中国已经连续10年稳居全球产销量第一。因此，目前中国市场上聚集着多家世界一流的啤酒制造商，要想赢得全球竞争，我们就要把青岛啤酒做成全球数一数二的啤酒品牌。“成为拥有全球影响力品牌的国际化大公司”是青岛啤酒的愿景。我对“国际化”判断的标准是“企业对全球资源的最优配置”，在合适的地点以合适的成本做出最有竞争力的产品，优化全球价值链，创造全球共享的价值。而要想实现最优配置的路径，并不仅仅是实现市场和品牌的国际化，更要实现组织文化的最大开放。

青岛啤酒具有与生俱来的国际化基因，1903年由英德商人创立，因为精酿品质屡获国际大奖而扬名海外。从20世纪50年代开始大规模地海外出口以来，青岛啤酒一直在探索全方位的海外发展模式。此外，青岛啤酒在原料采购、研发、供应商、经销商等价值链管理上，推行具有国际标准的管理举措。

未来国际化竞争是产品创新、品牌运作、渠道深耕、供应链管理模式的全方位较量。因此，青岛啤酒不满足于目前市场和价值链的全球资源配置，而是要提高对全球资源的最优配置，不断升级。在品牌国际化的路径上，一代又一代青啤人通过年轻化、时尚化、国际化升级再造品牌，让青岛啤酒这个百年品牌有历史的底蕴但不失活力与激情，成为全球消费者拥有的品牌。

对于国际化的进程，“走出去”仅仅是做到了第一步，融入世界才是最重要的。青岛啤酒要在传承中不断开放，要容纳全球不同的文化，仅能容纳青岛文化，那就是青岛公司；仅能容纳中国文化，那就是中国公司；只有容纳全球不同文化，才有条件实施全球资源的最优配置，这才是我心目中的国际化公司。

（执笔：陈凌馨、王静宇、罗赟鹏，刊发于 2017 年 1 月 13 日《中国经济时报》，有微调）

品牌传播须拥抱技术变革
聚焦“以用户为中心”

——访蓝色光标传播集团高级副总裁兼首席营销官丁晓东

近年来，移动互联网的迅猛发展给商业传播的行业格局，特别是广告行业带来了前所未有的冲击。

作为一家提供品牌管理与营销服务的专业企业，蓝色光标传播集团（以下简称蓝色光标）20多年来持续服务于约1500个国内外领先客户，其中世界500强企业近百个，客户涵盖信息技术、汽车、消费品、房地产、互联网、金融、文化娱乐等行业的领导品牌。长期服务于国内外顶尖品牌，使蓝色光标得以近距离了解到客户在品牌建设与传播中的需求与困惑。

媒介环境的变化和技术进步对企业品牌建设与传播产生了哪些影响？新媒体和传统媒体在自主品牌宣传和推广中如何更好地发挥作用？未来哪些行业最有可能产生享誉世界的品牌？

日前，蓝色光标高级副总裁兼首席营销官丁晓东就上述话题接受《中国经济时报》记者的独家专访。他表示，移动互联网正在以超乎想象的速度改变着世界，与此同时，科技进步正在改变消费者接受商业传播内容的方式，数字化、社交化、场景化、体验化，这些趋势正在驱动营销的语境和价值朝着“以用户为中心”的方向聚焦。

品牌建设趋于社交化、年轻化

《中国经济时报》记者：你认为，互联网时代，媒介环境的变化和技术进步对企业的品牌建设与传播产生了哪些影响？

丁晓东：至少大部分业内人士认为会形成很大冲击，举例来说，电商使得产品可以直接到用户的手里，用户体验后觉得好或者不好，很快会反馈到商家、厂家。与用户的交互是通过产品实现的，而不再是传统的“媒介”。也有很多业内人士认为，品牌主会削减广告投入的预算，也会减少精力放在品牌推广上。那么，在“去中介化”的情况之下，品牌是否依然是企业的核心？从我们的角度来看，当然还是，技术解决不了所有的问题。品牌传播在互联网冲击下会发生如下变化。

一是社交媒体在品牌塑造过程中带动了品牌跟用户之间的互动价值。无论是在国内的微信、微博，还是在国外的脸书、推特，企业主会对这些社交媒体越发地重视和投入。

二是“90后”“95后”逐渐成为主导消费群体。消费主力的年轻化也带动了品牌建设的年轻化趋势，与此同时，他们的高度碎片化、移动化及情绪化给企业的品牌建设带来了非常多的不确定性。契合年轻人文化其实是所有品牌希望达成的。

愿景驱动是品牌至高的境界

《中国经济时报》记者：你对品牌，尤其是企业品牌有怎样的理解？

丁晓东：在一定程度上，品牌就是企业的战略，企业的使命。企业所提出的所有发展战略或愿景都应该围绕品牌展开，从品牌出发，归结到品牌上，形成一个闭环。

对品牌的认知存在差异，这可能与中国企业的发展阶段不无关系，中国大部分企业其实在为“生存”而发展，存在一些利润驱动或战略驱动的公司，这一点在品牌传播中表现为，“我们要做世界500强”“每年要增长多少利润”“要解决多少就业”“创造多少税收”，还有，“我要并购，我要扩张”等。战略驱动型公司已经有品牌的影子在里面了，愿景驱动应该是品牌至高的境界。

物质丰盈时代，品牌的核心使命是怎样让消费者喜欢

《中国经济时报》记者：如何创新营销方式，让内容营销更“深入人心”？

丁晓东：我认为品牌是一个企业的“护城河”，这可能跟大的时代背景有非常密切的关系。20 世纪 70 年代，以创意为核心的广告行业、传播行业兴起的背景在于那还是一个物质相对比较匮乏的时代。所以人们对于物质本身的渴望是压倒性的，因为还没有更多的选择，所以需要有更多的创意来刺激我们对于物质的渴望。

我们现在所处的时代是物质纷扰甚至是物质过剩时代。这个时候以马斯洛需求层次理论为例，最基础的一层，包装、功能、设计、店面、价格都一样，要想赢得竞争，就得拼品牌，用品牌建立起一个“护城河”，让消费者喜欢。品牌的核心使命是让消费者喜欢。对互联网公司来讲，技术等因素使彼此间存有很大的差异，但对于消费品行业，技术上的差异是比较小的，这种喜欢更多应该是情感的联系。

只要广告有好的内容，年轻人都会以很开放的心态去接受它。消费者们需要的是内容级的广告，而不是内容式的广告，广告需要更真诚地说“我就是广告，但是我会使你感到有趣”，这样的传播方式才是年轻一代的消费者喜闻乐见的。

科技行业最有希望产生享誉世界的品牌

《中国经济时报》记者：未来哪些行业最有可能产生享誉世界的品牌？

丁晓东：中国企业群体的形象建立主要的希望会在科技行业，特别是互

联网企业。可以看到，全世界前十名的互联网公司，中国已经占有几席了，包括腾讯、阿里巴巴这样上千亿美元市值的公司。尤其是近30年，整个科技行业和互联网技术的发展是推动社会进步和发展的核心力量，所以它居于舞台的中央也是自然而然的事情。这也是“互联网+”能够上升到国家战略的高度的原因所在。

从品牌建设与传播的角度，一方面，中国企业要加强自身品牌建设的意识和能力；另一方面，要通过文化输出树立国家形象，同时这种文化输出有助于中国企业国际品牌的建设和传播。树立国家形象关键要看有没有源源不断输出的能力。

中外品牌传播需求的差异在于是否追求一致性

《中国经济时报》记者：蓝色光标所服务的知名品牌是全球品牌的多一些，还是本土的多一些？

丁晓东：大约分别占50%。

《中国经济时报》记者：你认为国外品牌主的需求和国内品牌主的需求差异在哪里？

丁晓东：国外很多大品牌不那么急功近利，会把品牌看成一个长期性的工作去投入、去做。国内的品牌会有一些波动性，比如说今年业绩很好，利润很好，老板就会说多打一些广告，多做一做慈善。但如果情况不好，就会大幅度削减推广的预算，投入促销的预算里去。这当然也是对的，但是国外的品牌可能不太受短期经济情况的影响，没有太多的波动，这个可能是一个比较大的不同。

除此之外，国外企业品牌的调性、广告语，相对一致性会更好些，一旦确定下来可能就会坚持。特别是在一致性方面，国内的企业反而偏好来回变动和调整。国外品牌有一个特点是会考虑变化，但是同样重视不变的部分，有些东西是永远不变的；国内企业随着企业领导者的更替，或者是市场的变化，经常会调整自己的品牌主张，导致一些品牌资产浪费了。

互联网时代品牌传播须拥抱技术为客户创造客户

《中国经济时报》记者：聚焦蓝色光标，在服务知名品牌和自身品牌建设方面，如何做得更好？

丁晓东：我们最底层的愿景是“为客户创造真正的价值”，通过专业服务和卓越的执行帮助客户提高传播效率，管理对外沟通，这个是没有变化过并会一直坚持的。

任何企业，按照彼得·德鲁克的定义，目的是唯一的：创造客户。我们所有传播工作的核心就是帮助企业更快更好提高传播效率和效能。好的企业文化或者好的品牌愿景在于可指导性。以战略和愿景驱动的公司，在管理上是非常集约的，也非常节省成本，所有人不需要层层传达，每个人都很明白到底该做什么。我们的工作就是让这些企业真正有价值的信息更有效率地、更低成本地传递到受众那里。

互联网技术是近 30 年来驱动整个国家和世界经济发展最核心的力量。为此我们能做的就是拥抱技术，顺应趋势的变革，培养自己的技术能力，这是我们现在做出的最重大的一个决定，别无选择。

（执笔：张娜，刊发于 2017 年 1 月 13 日《中国经济时报》，有微调）

全社会应形成推动品牌建设的合力

——访全国品牌社团组织联席会主席徐浩然

“品牌是与品牌有关的所有利益相关者的利益之和。”徐浩然这样阐述他对品牌的理解，品牌是利益相关者反映的意义体验，不仅能满足或创造价值需求，而且能被感知和长期认同。这一定义不仅关注产品的功能需求，同时更加注重品牌价值、文化认同。

徐浩然，全国品牌社团组织联席会主席，国内首位民企首席品牌官，国内首个品牌评价国家标准起草人，国内首家省属品牌学会会长，曾获中国十大品牌策划专家称号，2016年度首席品牌官终身成就奖获得者。

对徐浩然的独家专访便是从解释“什么是品牌”开始的。

“十三五”时期是实现中央“四个全面”战略布局的关键时期，特别是我国经济发展已经进入新常态，加强品牌建设尤其是企业品牌建设的意义十分重大。然而，当前广大企业对品牌的认识存在差异，甚至误区。

根据自己多年对品牌的研究与实践，徐浩然认为，标识、名称等仅是品牌的可见特征，完整的品牌概念还包括价值观、智慧、文化等不可见的部分。从品牌建设的过程来看，应以其做出的价值承诺为核心，建立品牌文化，树立品牌个性，定位目标市场，并以此为出发点去设计品牌的属性和提供的利益，以品牌的核心价值统帅品牌的塑造过程，这样才能保证品牌建设的成功。

采访中，徐浩然还就经济新常态下，企业品牌建设的现状、存在的问题以及如何提升民族品牌国际影响力阐述了自己的观点。

企业品牌建设普遍存在“三个缺少”

徐浩然表示，在我国，大部分企业往往更重视对品牌可见特征的建设和传播，而忽视占品牌内涵约85%的不可见部分，这一现象应该引起高度警惕和深刻反思。

除了对品牌的理解存在差异和误区，目前中国企业普遍缺少品牌整体战略、缺少品牌建设的具体抓手、缺乏专业品牌人才。

徐浩然告诉《中国经济时报》记者，有品牌的企业可以越做越大，那么没有品牌的企业将越活越难，所以现在越来越多的企业开始重视品牌建设，但多数企业的品牌建设流于表面。第一，缺少抓手。打造品牌是一个漫长的过程，需要多年的慢火熬出来，熬不过去品牌树不起来，或树起来不久就死掉了。很多企业觉醒得虽然有些晚了，但还来得及。塑造品牌要耐得住性子。第二，缺乏品牌专业人才。

徐浩然认为，真正的品牌就是在各种要素都齐备的基础上，具备独特的个性。品牌是企业综合竞争力的反映，是企业所有优秀元素的一种结晶。任何品牌要想打造成功，必须全组织、全人员、全流程、全目标都为其服务，人才、科技、研发、销售、生产等缺一不可。

在徐浩然看来，一个企业完整的品牌建设可分为市场、定位、研发、生产、传播、售后服务、客户调研、反馈系统八大板块。

从内涵上来分析，品牌有三个“品”：一是品质，质量是品牌的基础灵魂；二是品格，即企业的使命、责任、价值观等；三是品位。任何品牌都应带给人们一种提升感，无论是从消费的体验、消费的感受上，还是从艺术的美感、商业美学上。

徐浩然形象地表示，品牌的“品”是三个口，分别代表“我（生产者）”“你（消费者）”“他（非利益相关者）”。

“我”的“口”，即单向传播广告的做法，目前正在被慢慢淘汰。“你”的“口”就是消费者如何评价。“他”的“口”是与商品无关的人的评价。当今多维度传播的、多次元的、多角度的社会里，任何一个人对商品的评价，都可能形成巨大的影响。

徐浩然认为，互联网时代的到来，让整个消费环境发生了变化，传播方式也随之改变，在此情况下，第二个“口”，即消费者评价变得越来越重要，因为互联网让所有商家都“暴露”在阳光之下，让交易变得更加公开、透明、便捷、有效，因此商家必须要用好的商品去赢得消费者的信任，赢得消费者的口碑。可喜的是，目前越来越多的企业开始注重和加强品牌建设，不断增强品牌意识，培育品牌内涵，并朝着国际化的方向努力。

国际化是民族品牌崛起的必由之路

适时进军高端市场，只有这样才有可能在全球化竞争中获得优势。

民族品牌如何走好国际化之路？徐浩然用了辩证的几句话剖析当前品牌建设中存在的问题，并提出建议。

“长就是短，短也是长。”中国是经济大国，但不是经济强国；中国是制造大国，但不是品牌大国。不过，瓶颈即是突破口，短板恰恰就是未来增长最快的地方。

“你就是我，我也是你。”换位思考。徐浩然分析，国际环境复杂，中国企业务必入乡随俗，擦亮双眼，熟悉市场环境，掌握当地的文化与价值偏好，具备一个清晰的品牌征战目标，深思熟虑“走出去”的品牌和目前拥有的品牌是什么关系，是打造新的品牌还是购买海外已有品牌，以及这些品牌之间的关系处理等，对这些内容一定要有清晰的思考和定位。

“高就是低，低也是高。”有一种流行的说法，中国品牌得了“三高症”，该高的不高，该低的不低。“三高”是指高污染、高能耗、高成本，“三低”是指低利润、低技术含量、低文化内涵，从而导致“三荒”（钱荒、人荒、资源荒）。“基于以上说法，中国品牌缺少精与神的结合，缺少灵与魂的历练。所以，要特别注重品牌的精准沟通，要注重品牌的文化内涵，有一整套科学的规划品牌识别系统，力争做到品牌形和象的统一，精和神的统一，灵和魂的统一。”

“大就是小，小也是大。”在采访中，徐浩然道出一个比较有意思的现象，他表示，世界500强中通常企业越大越挣钱；但是在中国，企业越大越不挣钱，越是上百亿元、千亿元的传统制造类企业利润越低，活得越艰难，这说明“大就是小”。而所有成功的优秀企业，其品牌都非常注重每一个细节。所以，在一个全球化的“微时代”，品牌也变得很微，微小的微，细微的微，只有微小才能“微笑”。

徐浩然表示，中国民族品牌的崛起必须走国际化之路。要坚持打造企业品牌、产品品牌、个人品牌三者共进国际化。打造中国产品的独特性、维护企业的相关性、保持企业家个人形象的一致性。企业要顺应世界经济潮流，抱团出海。

全社会应形成推动品牌建设合力

品牌不仅是一个企业经济实力和市场信誉的集中反映，拥有知名品牌的多少，还是一个国家综合实力的象征，是一个民族整体素质的体现。因此，全社会应重视品牌建设，形成品牌建设的合力。

为此，徐浩然提出以下几点建议。

第一，完善社会诚信体系建设。无论是企业品牌、产品品牌、行业品牌还是区域品牌，都必须以诚信建设为基石。建议完善社会诚信体系建设；表彰奖励优秀的诚实信用单位及个人；增强执法部门的执法监察力度，对不诚信的种种违法犯罪行为严格执法，及时给予揭露曝光。

第二，创造有利于品牌成长的良好环境。建议各级政府大力营造好有利于培育知名产品、知名企业、知名企业家、知名社会组织、知名区域的宏观环境和社会氛围，出台“品牌孕育计划”等配套实施方案，在人、财、物等方面积极扶持名牌企业，使有限的资源向名牌企业集聚；由政府或职能部门、主流媒体设立“年度优秀品牌企业”等奖项，对优秀企业和人物进行表彰奖励。

第三，培养和引进高级品牌人才。支持鼓励各高校设立品牌管理专业、品牌管理系或品牌管理学科方向；加强并加快有关品牌管理的高等学历教育和职业技术教育；用最优惠的政策和最良好的条件，引进高端品牌经营管理人才和学术科研人才，解决缺少品牌人才的瓶颈。

第四，引导和支持设立品牌管理专业服务机构。当前我国缺乏品牌管理专业服务机构，建议以政府引导、企业参与的形式，通过“服务外包”的市场化运作，组建“品牌资产管理服务集团”，对股东自身或有潜力的产品、企业进行整体性品牌托管或品牌孵化，从事以品牌为核心的无形资产管理服务。

第五，鼓励和探索新型的品牌资产交易模式。建议鼓励和探索以“品牌授权、品牌共享、品牌交易”等为核心业务的新型品牌共建及交易模式；搭建品牌推广中心、品牌培训中心，设立品牌资产交易中心，出台配套交易规则，多渠道、多层次加强品牌交流与交易。

（执笔：张娜、王晶晶，刊发于 2017 年 1 月 19 日《中国经济时报》，有微调）

中国企业做品牌建设要有决心和信心

——访海信集团副总裁林澜

当前，国际市场已经从商品消费进入品牌消费，品牌消费也已成为中国居民消费的主流。面对消费结构、消费模式、消费热点的变化，品牌建设与传播显得尤为突出。近年来，品牌建设日益受到党和政府的高度重视。习近平总书记提出推动中国制造向中国创造转变，中国速度向中国质量转变，中国产品向中国品牌转变。李克强总理在 2015 年《政府工作报告》中，提出加强质量、标准和品牌建设。

作为我国家电企业成功“走出去”，并在国际市场上赢得较多消费者青睐的代表之一，海信，其在自身品牌建设与传播方面，已探索出和掌握了比较可行的市场化经验。那么，海信的海外品牌发展战略是怎样形成的？并且在付诸实际行动后又产生了怎样的效果？海信品牌建设与传播，又能为国内其他企业进行品牌建设提供怎样的可行性经验？对此，《中国经济时报》记者专访了海信集团副总裁林澜。

海信品牌建设与传播长远战略带来销售增长

《中国经济时报》记者：近年来，我国的一些企业立足长远发展，积极进行自身品牌价值的营造和建设，并且也取得了一定成效，比如说海信。那么以海信为例，其海外品牌发展战略是怎样形成的？并且在付诸实际行动后又产生了怎样的效果？

林澜：我认为海信海外品牌发展战略的形成经历了三个阶段，在不同的阶段，我们制订了不同的发展战略计划，但是这些计划又是有内在联系的。具体来讲，第一阶段，OEM 阶段。在前期 OEM 阶段，我们一直坚持两个原则：一是只给大公司做 OEM，二是只做有技术含量的 OEM。2005 年我们给合作伙伴做电视代工，其要求的电视质量满足其自定的标准即可，但当时我们并不满足于此，引进了大型专业的质量团队，将海信电视的整个质量流程重新进行了改造，获益匪浅。

第二阶段，追求自主品牌，建立海外营销体系。我们认为产品是做品牌的核心，产品质量需向世界一流品牌的产品看齐，打造集技术、质量和诚信于一体的企业形象。例如，2013 年，基于对显示技术的判断，海信推出了 ULED（多分区布光独立控制发光二极管），大大提升了 local dimming（分区背光）技术，而 local dimming 进一步和量子点显示技术结合，极大地提升了画质。

另外，在专注于研发具有知识产权的自主品牌的同时，海信自主品牌营销也在提速。海信最早在 2008 年前首次尝试赞助澳大利亚的一个体育项目，后来又逐渐开始赞助联合国非洲的一些项目，虽然费用不高，但从实际意义和市场宣传的角度来看影响很大。现在，海信不但在国际大型展会中频频亮相，还在全球范围内开展了一系列的高端体育营销活动，如成为 2016 年欧洲杯全球顶级赞助商，这也是欧洲杯 56 年来首个来自中国的品牌赞助商。此外，海信与许多全球大型渠道商建立了战略合作关系，这对海信品牌在当地的快速发展发挥了重要作用。而且正是基于多年来的坚持，如今海信的合作伙伴几乎都是全球顶级合作商。

第三阶段，研产销本地化，高效率满足当地的市场需求。现今，海信在欧洲、北美建有 7 个研发中心，在以色列和日本的研发中心也相继建成。这些海外研发中心能实实在在地针对海外需求进行产品开发。

经过这三个阶段不同发展策略的推进，海信品牌在海外获得了快速的成长，并且也取得了令人欣慰的成绩。在 11 年前，海信的海外销售收入只有约

5 亿美元，其中 90%是非品牌收入，只有 5000 万美元是自有品牌收入。而到了 2016 年，海信的海外销售收入已经超过 35 亿美元，其中自有品牌收入超过一半。从市场销售来看，海信电视已连续 13 年位居国内第一、在全球排名第三，海信冰箱和空调分别位居国内第二和第四；海信智能交通和光接入模块产品在国内和全球都位居第一。2015 年，海信集团实现销售收入 990 亿元，约 159 亿美元。此外，通过与渠道商合作，海信出口额增长远远高于出口量增长，原因是我们的销售单价上升了，从而利润增加了。

做品牌要有决心和信心

《中国经济时报》记者： *毋庸置疑，海信花大力气进行品牌的建设与传播工作，而品牌建设也反馈给海信销售量和利润的有效提升，你能分享一下海信在品牌建设与传播方面的相关经验吗?*

林澜： 对于如何做好品牌，我总结出了四条经验。

第一，做品牌要有决心。做品牌是一项非常艰难的长期工作，绝对不是一两年就能一蹴而就的。而且不论企业大小，企业要有坚定的决心去做品牌建设工作，而且我认为其中企业带头人才是主心骨。

第二，要有好的产品。过硬的产品好比基石，没有经得起推敲的产品，品牌无从谈起。

第三，要有合适的人才，其中最重要的是引进当地人才。海信现在的国际业务团队，700 名员工中有 300 多名是外籍员工，将近一半。因为我们很清楚地知道，只有拥有本土化的、有能力的人才队伍，品牌开拓才不会是一句空话。十年前我们很难雇用外籍员工，尤其是有能力的外籍员工，他们根本不相信我们的企业能够存活下去。而今天，以海信美国公司为例，公司四个副总裁中，一位来自三星，一位来自 LG（乐金集团）。随着业务的不断增长，加之产品实力，海信正逐步打入美国所有渠道，这是我们的人才战略在发挥作用。

第四，要有渠道。例如海信冠名了澳网体育馆、赞助澳网公开赛、成为德甲顶级足球俱乐部沙尔克04的合作伙伴、赞助世界一级方程式锦标赛F1红牛车队、赞助美国体育赛事NASCAR（纳斯卡赛车）等，海信还成为联合国环境规划署（UNEP）绿色创新奖全球首家合作伙伴，并开展与联合国教科文组织的全球合作，这不仅拓宽了销售渠道，而且全面提升了品牌影响力和品牌档次。

《中国经济时报》记者：可能有人会说，海信是国有大型企业，有雄厚的资金后盾来做品牌，但对于一些规模小、底子薄的公司，在进行品牌建设与传播工作时，有可能会投不起。对于这种说法你怎么看？

林澜：我要跟大家实实在在地讲，11年前我刚负责海外业务的时候，集团董事长周厚健曾跟我开玩笑说：你接手这个差事，祝你好运，顺便告诉你，你们还欠集团两亿元呢。当时的压力确实很大，不仅没钱，还欠债，但我们坚持做品牌，公司的盈利能力逐步提升，也的确把这个钱还上了。所以不管哪个公司要做品牌，不要指望一开始就有大批的资金投入，海信所有的品牌投入都是国际营销自己投的。而且要想做出口，就不要总指望政府能给多少支持，要靠自己一步一步地把品牌做起来。

总之，我认为不管你做什么行业，只要坚定了做品牌的信心，你就会发现你的业务范围今后越来越宽广，经济环境好也罢，不好也罢，都一样能做好。就拿海信来说，我们在经历过几次挫折后意识到，如果再遇到经济危机，我们这个行业依然能挺得过去。这个信心，这个底气就来自海信品牌的不断发展。我认为，只要坚持走下去，中国的全球知名品牌一定会越来越多。

（执笔：罗赟鹏、王静宇、陈凌馨，刊发于2017年2月13日《中国经济时报》，有微调）

借力互联网　传播中国品牌“好声音”

——访清华大学新闻与传播学院党委书记胡钰

互联网兴起是企业进行品牌传播的一次契机，同时也是一次挑战。清华大学新闻与传播学院党委书记胡钰对《中国经济时报》记者表示。

当前，随着互联网的兴起，品牌从“大众传播”阶段进入“大众连接”阶段，原有的品牌传播理论模型、品牌运营环境以及品牌生命周期等都发生了新的变化。在此背景下，了解我国品牌传播的现状以及存在的问题，对于我国加强品牌建设、提升品牌价值具有重要意义。带着这些问题，《中国经济时报》记者专访了对我国品牌传播领域有着深入研究的胡钰教授。

中国品牌地位与经济大国地位不相称

《中国经济时报》记者：当前，我国品牌传播的发展现状如何？已经取得了哪些成绩？又存在哪些差距和问题？

胡钰：中国企业存在明显的“两个不匹配”：软实力和硬实力不匹配，美誉度和贡献度不匹配。中国品牌的地位与中国经济大国的地位是不相称的。

目前，中国企业的品牌意识正在显著地增强，尤其是新兴的互联网企业，已经非常善于将品牌当作打开市场、进入市场、“感染”市场的工具。但是，由于中国企业品牌建设的历史短、基础差，和国际上成熟的品牌运作系统相比仍有差距。同时，仍然有部分企业品牌意识淡薄，对品牌建设的重要性缺乏正确的认识，对现有品牌缺少保护和发展机制。

品牌是企业软实力的一部分，但是这种软实力的建设是要建立在硬实力的基础上的。没有过硬的产品与服务，品牌传播也会遇到巨大的阻力。目前，中国企业的技术创新能力欠缺，成为制约中国品牌做强做大的原因。当外界不断质疑中国企业的抄袭复制、质量不过关、服务不人性化时，品牌传播就难以形成正面积极的效果，很难获得市场口碑和荣誉。

互联网兴起是品牌传播的契机也是挑战

《中国经济时报》记者：请你分析一下，互联网时代，品牌传播对于加强品牌建设、提升品牌价值的重要性和必要性。

胡钰：互联网时代，互联网品牌化率大大提升，品牌产品在互联网上的展示、销售程度大大增加。另外，品牌迫切需要打通线上线下全价值链，深度推进互联网化转型。互联网帮助品牌发现曾经在传统市场上模糊的细分市场需求，还帮助品牌实现与各个细分市场的精准对接需求。在这样的背景下，企业竞争加剧，原本在传统市场具有垄断性渠道优势的产品，在互联网时代情况可能完全被颠覆。通过品牌传播，帮助自身品牌在竞争中脱颖而出，打通与消费者在研发、营销、销售、服务等环节的互动渠道，成了品牌制胜的关键。

《中国经济时报》记者：互联网时代，媒介环境的变化和新技术的进步给品牌传播带来了哪些新变化和挑战？

胡钰：互联网兴起是企业进行品牌传播的一次契机，同时也是一场挑战。

互联网改变了人们的信息接受习惯，人们暴露在媒介中的时间和频次较之传统媒体时代都有增加。这就为品牌传播带来了与用户接触的契机。

互联网还丰富了媒体传播手段，品牌可以根据自身定位和目标，使用多元化的表现手段予以展示。这些媒体传播手段还为品牌的创意化传播提供了技术支持，而创意传播是在品牌塑造方面提高记忆度、鲜活力的重要方式。

互联网还为品牌传播带来了国际化的可能性。互联网使得整个世界成了一个地球村，世界被更强、更广泛地联通起来。中国企业在参与全球化进程中，不但提供了优秀的产品和服务，也积极履行了企业社会责任，但这些所作所为没有很好地传播开来，只做不说、多做少说、能不说就不说的特点在许多中国企业中还很突出。

互联网的高互动性、信息传播的迅速性也让品牌危机管理和公关的难度加大。危机爆发的突然性可能使得品牌主和消费者一同，甚至滞后地获得危机信息。

互联网还提供给用户高互动的参与可能，使得品牌危机管理的工作量和复杂度上升。这就要求品牌有一个完善、系统、快速的危机应对机制。同时，危机也是契机，互联网给予品牌快速重塑的可能，只要应对得当，便可以成功化解危机，获取未来生存空间。

《中国经济时报》记者：“互联网 +”背景下，如何做好品牌传播，更好地发挥品牌传播的作用？请你分别从政府、企业以及中介机构的角度，提出相应对策建议。

胡钰：以国家品牌为例，树立国家品牌形象的关键是国家的传播实践。统一的国家形象传播战略，可以为公众树立起清晰的国家形象。这种战略体现在明确的品牌形象定位、有效的统筹实施、及时的评估调整。国家形象的实践性体现在其动态变化，国家形象不是一成不变的，是在实践中逐渐树立的，好的传播实践带来好的国家形象，差的传播实践带来差的国家形象。

互联网的背景为品牌的动态评估提供了方法。互联网上的讨论是公开的、实时的、广泛的。通过互联网互动，品牌塑造主体可以有效地监督品牌实践成果，并积极调整品牌传播战略。

政府应该从大局入手，通过政策引导、定向扶持等方式，帮助企业和国民强化品牌意识。比如，2017 年刚刚开始的中国品牌日，就是一个很有力的举措。从国家层面树立品牌意识，提倡品牌传播，有利于提倡中国品牌的整体发展，同时也是一次中国品牌集体展示的契机。并通过国际化的顶层设计，为中国的互联网品牌构建出公平竞争的国际化平台。

从企业的角度，应该转变传统经营理念，树立品牌意识，形成专业化的品牌部门，将品牌上升到企业战略的层次中，将品牌打造视作与产品生产、经销等同等重要的经营环节。并与专业的品牌机构合作，使用专门化的人才，各部门协作，共同发展品牌。

中介机构应该不断提升专业化手段，创新品牌塑造方式，防止中国品牌在世界竞争中刻意模仿跟随。与企业积极沟通，发现具有中国特色、企业特色的品牌塑造方式。

国际竞争更要重视传播“好声音”

《中国经济时报》记者：当前，虽然已经有很多中国企业和产品走出国门，但大部分中国品牌的国际影响力仍然不够大。请你谈一下，我国品牌在国际传播方面的现状、问题以及对策建议。

胡钰：随着全球化进程的加快和“一带一路”建设的实施，越来越多的中国企业“走出去”，参与国际市场竞争。在海外，企业的产品是企业硬实力的体现，企业的品牌是企业软实力的体现，两者共同构成企业竞争力。事实上，树立企业形象不是可有可无的小事，而是关系企业国际竞争力提升的大事。在树立企业海外形象方面，企业要树立清晰的目标，掌握基本的规律，拿出切实有效、持之以恒的举措，才能逐步取得当地政府和居民的认可，获得较高的美誉度。

实践表明，中国企业要有效参与国际竞争，不但要有好业绩，还要有好行为，更要用“好声音”把这种好业绩和好行为展示出来，才能真正拥有好形象。中国企业有许多鲜活故事，不论是航天、高铁的创新故事，还是华为的海外故事，只要这些故事能讲好，就可以成为当代中国企业形象的闪亮名片。

中国企业在海外建设品牌，可以从以下维度进行审视和发展：合规经营、环境保护、社区融入、文化交流和公共传播。

（执笔：赵海娟，刊发于2017年7月4日《中国经济时报》，有微调）

中国品牌发展将迎爆发期

——访中国公共关系协会副会长、中国传媒大学媒介与公共事务研究院院长董关鹏

“品牌来自幸福、富足、安定，即有安全感的政治经济社会环境。中国将进入一个重大调整之后的稳健发展期，中国品牌发展将迎来爆发期。”中国公共关系协会副会长、中国传媒大学媒介与公共事务研究院院长董关鹏教授在接受《中国经济时报》记者专访时建议，为了更好推进品牌建设，打造品牌强国，我国应尽快设立国家品牌委员会。

2016 年 6 月，国务院办公厅印发《关于发挥品牌引领作用推动供需结构升级的意见》，我国的品牌建设上升到新高度。约一年后的 2017 年 5 月 10 日，我国迎来首个国家品牌日，政府以及企业对于品牌建设的重视度再次提升。《中国经济时报》记者特邀品牌传播以及公共关系研究领域的权威学者董关鹏教授，从传播学的角度，对我国品牌建设的现状、存在的问题以及未来发展的趋势进行详尽阐释。

品牌传播应迈向忠诚度时代

《中国经济时报》记者：你曾说过，传播是品牌存在的基础和形式，是品牌生命力源源不断的重要保证。你认为，我国品牌传播的发展现状如何？还存在哪些问题？

董关鹏：从整体来讲，我认为，中国企业的品牌传播目前还处于初级阶

段。因为大多数企业对品牌传播的认知还停留在四类误区内。

第一类误区，是品牌可以通过大量的经济投入而获取，或者说品牌是可以用钱买来的。停留于这一误区的企业，把品牌传播等同于广告，认为品牌就是来自叠加式的广告，而广告就是向媒体购买播出时间和刊发版面。

第二类误区，是品牌仅靠实力获取。优秀的品牌肯定有实力，但我认为，实力与品牌之间是一个乘法原则，即如果企业实力一般，品牌好，会事半功倍；如果企业实力特别强，但品牌的口碑不好，那么效果就会极差。品牌的塑造不仅需要强大的实力，也需要正确的传播。

第三类误区，是在敌意的环境下无法产生好品牌。其实如果从历史上来看，很多成功的世界品牌，往往是从敌意的环境中脱颖而出的。因为从品牌传播的角度来说，在一定程度上，敌意也是一种关注度。如果能够借助敌意的高关注度，运用恰当的策略，扭转受众对企业的敌意，对于企业品牌传播与塑造也许是一件好事。

第四类误区，是品牌就是服务于核心主业的，永远都是配角。但我认为不是这样的。比如一些国际大品牌，尤其是奢侈品品牌，它们都是产品围绕品牌走的。我认为，在品牌传播的过程中，产品要围绕品牌走一走，然后品牌围绕产品走一走，不能想当然地就确定谁是主角、谁是配角。品牌是散落在企业及其产品各处的一种分子内核，不是最外层的包装纸。如果硬要把品牌要素和整个机体分开，那么这家企业将随时处于品牌危机中。

针对这四类误区，我认为，中国企业的品牌传播应该从知名度时代、美誉度时代，大踏步地向忠诚度时代迈进。

知名度时代，指的是典型的大众传播学“魔弹论”，将传播效果绝对化，认为有传播必有结果，或者是庸俗的广告观，认为花钱了必有结果。

美誉度时代，指的是将所有美的东西保留下来，坏的东西都删掉。这肯定也是不对的。因为一个健康的企业品牌，一定是由动态的“好”与“坏”共同组成的，从来不犯错误的企业经常被认为不成熟。一个成熟的品牌，往往历经风雨。

所谓忠诚度时代，强调的是受众导向。品牌研究分为不同的学派，有管理学派、传播学派等，我是传播学派当中高度认可受众体验的学者。我认为，品牌来自口碑，来自众人的认可。我建议品牌传播要真实、要还原真相，见好事传好事，遇坏事不回避。如果企业本身做得好，又很坦诚，其品牌的各种抗打击能力就会比较强。

建议设立国家品牌委员会

《中国经济时报》记者：当前，虽然已经有很多中国企业和产品走出国门，但大部分中国品牌在国际上的影响力仍然较弱。请你谈一下，中国品牌在国际传播方面的现状、问题以及对策建议。

董关鹏：对于品牌的国际传播，我有两个担心。

一方面，中国本来是一个资源丰富的品牌大国，但现在对于品牌高等级内容的原材料挖掘不够、包装不够，距离成品的呈现还有较大的距离。我们的品牌在传播过程中，内容选材以及表达方式过于中国化、创新不足，这些都将影响品牌传播的效果。

另一方面，中国在品牌建设方面缺乏一种国家宏观调控机制。很多人狭隘地认为，品牌建设只是经济领域的事情，其实品牌建设横跨经济、政治、文化、社会四大板块，亟待设立一个专职部门——国家品牌委员会。国家品牌委员会能够制定品牌政策，对一些破坏国家品牌，或在某一个领域口碑声誉差的公司要有一些严厉的惩罚举措。

此外，企业在品牌的国际传播中还有三个误区，需要尤为注意。第一个误区是认为打动了政府就意味着获得了全面的支持。实际上，在很多国家，由于执政党不同，所以会出现：总统支持你，可省长不支持你，但市长或许又支持你的局面。

第二个误区是轻视当地知识分子的作用。美国、英国等国家会在当地大学设立奖学金，在大项目上马前还会到当地去做各种宣讲，而我国企业往往不重视此类交流。

第三个误区是与当地人保持距离。很多中国企业与当地人的生活圈子不同，相对隔离，同当地人有距离感。

从六大维度塑造国家品牌

《中国经济时报》记者：随着全球化的发展，国家品牌形象在国内外事务中变得越发重要。对于塑造国家品牌，你有何建议？

董关鹏：对于中国的国家品牌塑造，我认为需要从六个维度来分析研究。

第一个维度是人。如果谈经济品牌就应该是中国企业家的形象；如果谈学术品牌就应该是中国学者的形象；如果谈科学品牌就应该是中国科学家的形象。在国家品牌塑造过程中，我觉得，围绕“人”的品牌塑造相关工作还不足。目前更多的是自然生发，缺乏孕育机制、培育机制和养成机制。我觉得国家应该有相应机制去培养和塑造一些中国企业家国际化的典型。

第二个维度是价值和理论。我们一定要确保中国当下的发展理论、发展模式、发展模型经得起历史的推敲，而且要及时归纳总结。据了解，国务院发展研究中心成立了中国国际发展知识中心，将同各国一道研究和交流适合各自国情的发展理论和发展实践。我认为，这对于国家品牌传播来说是一件很好的事，有利于塑造国家品牌，增强中国在世界的影响力。在这方面，新加坡做得很好。新加坡的国家发展理论被总结归纳得很有魅力，受到了很多关注，很好地传播了国家品牌。

第三个维度是景观、标识，比如地标建筑等。这些硬性的存在，能够直观地展现当地文化、特色，代表国家形象，能够传播国家品牌。

第四个维度是工业产品。我国的工业产品这些年发展得很快，但与国际相比，仍然存在差距。我国现在很多企业都是生产半路产品，没有品牌，处于产业链的底端。要让工业产品代表国家品牌，就必须改变现状，加强生产最后一站的工业产品，也就是要做产业链的高端，要贴自己的商标。

第五个维度是文化教育，包括创意文化产业、观光产业等。在这方面，我国其实有很多很好的资源，但缺少国际知名品牌。比如度假城市在欧洲的排名中，中国没有一个城市进入前十名，而我国周边的越南、泰国等国家，都有城市上榜。

第六个维度是中国故事，或者叫中国传奇。故事或传奇是品牌最重要的支撑点之一。我认为，我们要挖掘一些表现幸福、富足、上进、可持续、有吸引力的中国故事，这对于国家品牌传播非常重要。

（执笔：赵海娟，刊发于 2017 年 7 月 5 日《中国经济时报》，有微调）

我国企业距品牌传播 3.0 阶段还有多远

——访中国传媒大学媒介与公共事务研究院企业传播所学术所长寇佳婵

“虽然业界专家都乐于看到中国企业快速进入品牌传播 3.0 阶段，但现在来看，我国大部分企业还处于 2.0 甚至 1.0 阶段。”中国传媒大学媒介与公共事务研究院企业传播所学术所长寇佳婵就我国品牌传播的现状接受《中国经济时报》记者专访时如是说。

寇佳婵认为，当前品牌传播较为理想的境界是 3.0 阶段，也就是声誉管理模式阶段。企业只有开始全面考虑每一个利益相关者，并为其提供有价值的信息，品牌传播才能真正进入 3.0 阶段。

大多数企业尚未进入品牌传播 3.0 阶段

《中国经济时报》记者： 当今世界早已进入品牌竞争时代。传播作为品牌竞争取胜的关键因素之一越来越受到重视。请你谈一谈，当前我国品牌传播的发展现状。

寇佳婵： 实际上，品牌传播管理可以分为三个阶段。

1.0 阶段，也可称为命令模式阶段，是企业“以我为主”进行的一种完全单向的传播；2.0 阶段，也可以称为删除模式阶段，主要指企业开始进行媒体关系管理，借助媒体向公众渗透品牌意识，但如果企业出现负面新闻，则往往以删除为主；3.0 阶段，也称声誉管理模式阶段，主要指企业一方面积极主动传播真实的、权威的信息，另一方面根据几大利益相关者的需求，学会“给料”，学会信息深加工的方法。

希望企业的品牌传播都能进入 3.0 阶段，但现在来看，我国大部分企业还处于 2.0 甚至 1.0 阶段。

在品牌传播 3.0 阶段，建议企业做好利益相关者的管理。利益相关者通常包括媒体关系、政府关系、客户关系、竞争者关系、法律关系、社区关系、投资者关系以及行业关系八大关系的相关者。企业要经常去审视哪个关系做得比较好，哪个关系还有欠缺。在当前这个信息爆炸的时代，受众只会选择对自己有价值的信息，所以，企业在进行品牌传播的过程中，必须关注两个部分：“对方想听的”和“我要说的”。目前很多企业还在自说自话，过于关注“我要说的”，而忽略只有先讲了“对方想听的”，才能做到“买一送一”。只有企业能够策略性地为主要利益相关者提供有价值的信息，品牌传播才能真正进入 3.0 阶段。但这只是一种理想的方式，现在能够进入这一阶段的企业还很少。

另外，我们也要看到，当前政府和企业对品牌传播的重视度越来越高。我所在的单位同时承担了许多领导者的媒介素养培训工作。这几年我的一个突出感受是，针对品牌传播的培训需求越来越大，听众范围也越来越广。我们的团队是国内最早开始做政府新闻发布与舆情管理培训的，从 2003 年“非典”至今，已经十余年了。以往，政府在突发事件中的信息公开和舆论引导方面做得比企业更系统，培训意识也更好。而这几年，很多企业，甚至是一些我们认为比较低调的 B2B（企业对企业）企业，也越来越重视这方面的工作。这和现在传播环境的变化是分不开的。在此之前，企业更重视能够直接带来销售业绩的营销、广告创意、品牌定位、标识设计等方面的培训，极少有企业愿意做公共关系与传播管理方面的培训，但是这几年大有改观，或许可以说是人人皆媒体，促成了人人需懂传播。

品牌传播的本质是“人”

《中国经济时报》记者：你认为，互联网时代，媒介环境的变化和新技术的进步是否给品牌传播带来了新挑战?

寇佳婵：品牌传播确实需要考虑媒介环境的变化，但这并不是品牌传播的本质。品牌传播的本质归根结底是“人”。媒介环境和新技术的变化，改变的只是人的某些具体使用行为，但社会沟通的本质是不会发生改变的。最主要的还是要去做受众分析，去研究“人”。

当前的品牌传播不像以前那样，只要找公关公司帮忙发稿，或者推出几个代表新媒体的官微、公众号，就能做好。有人说“美人在骨不在皮”，传播也是如此。品牌传播要美得长久，美得人人称赞，就要超越皮相，研究骨相，即“人在哪儿”“需求是什么”“我们怎么去满足他们”。

要说真正的挑战，可能来源于传播人才的缺乏。新技术改变了我们沟通的方式，懂传播的人才有更加年轻化的趋势，这又与懂企业战略相矛盾。

《中国经济时报》记者：你刚才提到，品牌传播方面的人才缺乏阻碍了我国企业品牌传播的发展，请介绍一下相关情况。

寇佳婵：人才的缺乏可以算是阻碍企业品牌传播发展的瓶颈之一。当前，除了刚才提到的年轻化趋势之外，我国企业里大部分做品牌传播的人员都是曾经的媒体人。虽然媒体人做传播有一定的资源优势，但也会出现不愿聚焦具体事务、对于品牌管理不够专业等问题。

我向一些企业高管了解过，很多企业的品牌管理岗位更需要经过公共关系专业培训学习，同时有过特定行业历练的跨行业人才，但目前这类人才非常缺乏。

国内高校对于公共关系专业的重视还不够，甚至近期有一些学校暂停了公共关系专业招生。培养传播人才，行业协会有责任去牵头召集，同时，很多有实力的企业在自办“传播研究院”“品牌大学”等，都是有益的尝试，可以作为培养品牌传播人才的一条有效途径。

品牌传播要不断创新

《中国经济时报》记者： 对于做好品牌传播，更好地发挥品牌传播的作用，你有何建议？

寇佳婵： 首先，随着时代的进步，品牌传播要不断创新。为了增强传播力，很多企业都在创新。以大家总觉得“板着面孔说话”的央企为例，现在，“会讲故事”几乎已经成为央企品牌传播的“标配”。2017 年，我们的培训课程迎来了一批特殊的学员——来自各大央企的讲述人。企业给他们的定位有点类似于现在流行的脱口秀演员，他可能既是企业中一名普通的员工，也是一个讲故事的高手。他可能极具个人魅力，也可能极为平凡。但他们都需要通过培训学习并善用传播规律，传递企业形象。讲述人以受众听得懂、感兴趣的方式讲述企业文化、品牌故事，制作成“带网感”的短视频，从而传播企业品牌形象。成功的沟通往往需要三个要素的配合，即道德、情感和逻辑。许多企业在逻辑严密方面做得很好，但往往忽略了剩余两个要素。我希望企业在与外界沟通，进行品牌传播的过程中，能把这三个要素做好平衡。

其次，不要把品牌传播当成一个“文科”的事情来做，而是要当成“理工科”的事情来做。前者更具随意性，更注重发挥创意；后者更注重细分、逻辑和数据等。成熟的品牌传播管理要减少对“意外爆点”“信手拈来”的期待，有筹备和策划，要可控，细节到位，精细化管理，提前预演，减少随意发挥，这更像理工科的思维。

再次，建议企业建立常设的企业品牌大学或品牌训练营，对企业高管甚至中层以上管理者进行专题性的定期培训，将品牌传播和建设系统化提升到一定高度。除了品牌培训，还应进行危机管理类培训、新闻发布类培训、领导者沟通力培训、文化传播类培训、心理学类培训等，也就是说广义的传播体系、公共关系体系里的培训，对于品牌建设都是有积极作用的，都应该有所涉及。

最后，从长远来说，做好品牌传播，我建议，企业打造内外结合的智库，做好两件事：一是建设企业研究院；二是成立企业品牌管理委员会。

（执笔：赵海娟，刊发于 2017 年 7 月 20 日《中国经济时报》，有微调）

自主品牌转型升级要从观念转变开始

——访中国商务广告协会会长李西沙

“自主品牌塑造不是沙漠里起高楼，必须根植于中华文明的历史、文化。”在制造业升级、品牌竞争加剧的背景下，如何才能达到品牌兴国、品牌立国的效果？中国商务广告协会会长李西沙在接受《中国经济时报》记者专访时说：“只有树立了正确的品牌观，才能有中国品牌的未来。”

品牌升级需要从观念上下功夫

《中国经济时报》记者：在举国上下进行“实现中华复兴梦”的背景下，中国制造正向中国创造、中国速度正向中国质量、中国产品正向中国品牌转变，但放眼全球，中国品牌竞争力不够。你觉得原因有哪些？

李西沙：品牌建设与品牌传播不是一个概念、不能画等号。我国的品牌意识滞后于经济的发展，不仅仅在国际知名品牌少、品牌影响力小，而且在国内对品牌的认知误区较大，品牌总体形象欠佳。因此，我们必须重新认识品牌发展与成长的要素，补齐自主品牌发展与成长的短板。

要在品牌的观念方面下功夫，脚踏实地地工作，消除误区。现实的情况是，大多数人把品牌的塑造与品牌传播混为一谈，以为打广告就是做品牌，所以大家都在拼广告、拼声量、拼口号，特别是喊一些大口号。这是一个误区，品牌建设与品牌传播不是一个概念，不能画等号。品牌的核心是一种态度，对消费者的态度、对社会的态度。这种态度表达了对消费者的尊重、对社会责任的承担，也反映出品牌的情怀。许多企业是在没有弄清楚什么是品牌的情况下开展品牌宣传的。

相当数量的企业把产品营销与品牌传播混为一谈，认为产品营销、品牌传播就是打知名度。其实这类企业基本上就是卖东西的企业，无品牌意识可谈，它们没有长期的品牌塑造概念，也不可能成长为品牌企业。作为一个真正的品牌，它是有使命感、有信仰、有文化的，它是要为人类、为改变人们的生活、为改变社会做贡献的。之所以能成为品牌，是因为它能对人类及社会做出贡献，品牌不是自私的，而是利他的。

正因为如此，品牌是有故事的，有故事、有文化的品牌才能源远流长。我们原来没有在品牌故事、品牌文化和品牌信仰上下功夫。

政府推动与社会力量参与必不可少

《中国经济时报》记者：品牌建设与升级离不开政府支持及中介机构配合，就你所代表的机构来看，品牌的本质是什么，目前最需要解决的问题是什么？

李西沙：品牌建设与升级，必须以尊重人的态度为切入点，以市场和消费者的选择为准则。企业首先应该明白的是，企业在为消费者创造一种生活方式和生活理念，它的品牌是一种态度，一种奉献。品牌传播的是一种新的、健康的生活方式，一种正确的思想方法和思维方式，更是一种文化，比如共享单车在为消费者提供更加便利的生活方式。同时，在这种新的消费和生活方式下，消费者也能在共享与分享中感受到自身的道德品质和素养有所提升，这对社会管理等方面的工作也会提出一些新的要求。

品牌升级目前最重要的任务是教育。没有教育，就没有品牌。相当长的一段时间里，我们的品牌教育是缺失的。品牌本身是有文化的，品牌教育其实是人的教育，如何做品牌和如何做人理论上是一回事。品牌教育的重点应该围绕着如何尊重人的问题展开。尊重人的问题解决了，品牌的问题也就基本解决了。所以，品牌的文化是利他的文化。如果停留在以自我为中心上，“我是唯一的，我是最好的”，那品牌建设就无从谈起。

当然，在此过程中，政府的推动作用和社会力量的参与作用必不可少。我们要全面改善质量、创新、诚信、文化、人才、营销和管理等品牌要素，同时应制定支撑品牌发展的法律法规等行为规范，为品牌建设奠定良好的社会基础。

品牌建设需要围绕市场主体展开

《中国经济时报》记者：在剧烈的市场竞争中，企业该如何做好品牌传播？中国商务广告协会已经做了哪些方面的工作，下一步如何打算？

李西沙：品牌建设要以市场为主导，企业应当主动提高产品和服务质量，增强创新能力，加强诚信体系建设，激发品牌发展的活力，提高品牌的诚信度，在传播上注意拉近品牌与消费者之间的距离，不要总喊大话、空话，要提升品牌传播的整体水平，为品牌发展营造良好环境。

中国商务广告协会于2016年9月2日成立了品牌发展战略委员会，提出委员会最核心的六大举措，包括百场品牌大讲堂、千人品牌官培养计划、建立自主品牌成长与创新实验室，响应“一带一路”倡议的号召、为支持和推动自主品牌走出去提供帮助、设立品牌专家库，为品牌建设提供服务、设立品牌研究院等，为品牌的成长与发展提供研究成果和模式。我们正在筹备《中国品牌发展状况白皮书》的工作。品牌发展战略委员会，将依托中国商务广告协会这个平台，借助协会庞大的4A公司（美国广告代理商协会）会员单位中各领域的实战专家、学院专家及我们各个二级专业委员会的支持开展工作，客观地反映中国品牌的发展现状，坚持不懈地积极探索，与中国企业共同努力去助推自主品牌的成长与发展。

在一段时间内，我们会将品牌教育工作放在首要位置上。我们要通过各种教育形式使大家在品牌问题的认识上有明显的变化和提升，并逐步达成共识。这样我们就可能与企业一起开展系统性的品牌构建工作，帮助企业逐步建立品牌体系。我们的百场品牌大讲堂、千人品牌官培养计划就是这个目的。

品牌传播应跟上互联网的发展

《中国经济时报》记者：对于互联网以及移动终端普及的新形势，品牌传播该如何做？

李西沙：新媒体的层出不穷，互联网、移动终端技术的发展的确给品牌传播模式提出了新课题，也创造了新平台。它让传播更精准、更有内容，更能有效地传播品牌故事、文化、精神、理念和信仰。

互联网时代，大数据、新媒体为我们开展品牌建设、助推品牌成长提供了更广阔的空间和生态环境，我们必须充分地用好这个平台，做好中国品牌的大文章，讲好中国品牌的好故事。

品牌建设不只是一项工作，更是一项事业，一项伟大的事业。

（执笔：姜业庆，刊发于 2017 年 8 月 17 日《中国经济时报》，有微调）

第四部分

调查报告

（以刊发时间先后为序）

编者按：

为准确了解中国品牌建设与传播的现状，分析存在的问题，《中国经济时报》在2017年至2018年上半年进行了一系列关于我国品牌建设与传播的专题调查，其中包括对广东、湖北、四川等6省18市的调研、对302家企业管理层的访谈和问卷调查以及对2085位消费者的在线问卷调查等。在对调查数据、调研情况进行准确统计、认真梳理的基础上，对如何开展下一阶段的品牌建设工作，以充分发挥品牌对我国经济转型的引领作用、提升我国在全球产业链上的分工地位等方面提出系列建议，供相关人士参考。

六省品牌建设与传播调研总报告（上）

六省调研显示我国品牌建设已呈良好局面

中国经济时报社在2017年至2018年上半年进行了一系列关于我国品牌建设与传播的专题调查（包括对东、中、西部的广东、湖北、四川等6省18市的调研①、对302家企业管理层的访谈和问卷调查②以及对2085位消费者在线问卷调查③）。综合调查结果显示，当前我国政府、企业、消费者以及社会机构对品牌建设与传播的重视程度不断提高、力度不断加大，品牌数量呈明显上升趋势，品牌建设与传播均已形成良好局面。充分利用互联网等新技术提供的弯道超车机遇，我国自主品牌在消费模式和商业模式的创新方面异军突起，对全球经济发挥出日益重要的影响力。

---

① 2017年至2018年上半年，中国经济时报社课题组赴广东、浙江、江苏、山东、湖北、四川6省，对广州、深圳、中山、佛山、江门、杭州、金华、嘉兴、南京、无锡、苏州、青岛、烟台、威海、成都、绵阳、遂宁、武汉这18个城市进行调研，并对302家企业管理层进行访谈和问卷调查。

② 302家受访企业构成：60%为民营及民营控股企业，其余40%为国有及国有控股企业和港澳台及港澳台控股企业；企业规模分布为：小型及微型企业占42.2%，中型企业占31.2%，大型企业占26.6%。

③ 2017年12月至2018年年初，中国经济时报社委托人民网针对我国品牌建设与传播状况进行在线问卷调查，共回收有效问卷2085份。参与问卷调查的消费者性别分布为：男性占56.7%，女性占43.3%；年收入分布为：低于12万元的占比为78.5%，在12万~25万元之间的占15.3%，高于25万元的占6.2%。

一、我国品牌数量上升明显

调研发现，近年来，我国品牌数量呈明显上升趋势。从所调研 6 省份的情况看，东部省份品牌数量较多，位居全国前列；中西部省份的品牌数量虽然不及东部省份，但与前几年相比，品牌数量增幅也有较大提升。

从品牌发展主要指标之一的有效注册商标来看，课题组所调研省份的有效注册商标量近年来均有较大幅度提升，相比 2010 年均有数倍增长。截至 2018 年 6 月中旬，有效注册商标量广东省从 2010 年年底的 70.0 万件增加到 288.4 万件，浙江省从 2010 年的 54.9 万件增加到 172.1 万件，江苏省从 2010 年的 29.7 万件增加到 100.1 万件，湖北省从 2010 年的 8.3 万件增加到 33.9 万件，四川省从 2010 年的 14.0 万件增加到 54.1 万件。从全国情况来看，我国有效注册商标量已从 2010 年年底的 460.4 万件增加到 2018 年 6 月底的 1680.7 万件，增长了近 3 倍。

二、地方政府普遍重视品牌建设

调研显示，近几年来，地方政府以及相关部门对于品牌建设与传播均高度重视。此次调研的 6 省份均结合自身实际，出台了省级层面推动品牌建设的专项政策；品牌建设相关内容均纳入各省重点发展规划中；以质量提升促品牌发展是大部分地区品牌政策的重点。比如，广东的以质量带动品牌建设战略，浙江在全省层面建立的三级品牌梯度培育体系，江苏政策先行引导品牌加快向中高端迈进，山东、湖北、四川出台的实施品牌战略、推进品牌强省建设的规划等。

调研发现，市场化程度越高、越早对品牌建设和传播进行政策引导、支持力度越大的省份，其区域品牌的数量越多，影响力越大。比如，广东早在 2003 年就出台了《广东省名牌产品评价实施细则和方案》，开始通过加强品牌的评价方式来引导和激励企业加强品牌建设，全省知名品牌数量在全国名列前茅。其他调研亦是如此，品牌经济发展较早的东部省份如广东、山东、浙江、江苏分别有 89 个、45 个、35 个和 27 个品牌入围世界品牌实验室发布的 2017 年中国 500 最具价值品牌排行榜，位居第二、第三、第六和第七。中西部的四川和湖北分别有 16 个和 11 个品牌入选，位居第八和第十。

三、企业进行品牌建设和传播的力度在加大

调研显示，近五年来，我国企业对品牌建设和传播的重视程度不断提高，力度在加大。课题组调研的 302 家企业中，71.1% 的企业已拥有自有品牌；74.2% 的企业已设置专门或兼具职能的品牌管理部门，其中有 49.6% 的企业品牌管理部门是在近五年内设置的；62.8% 的企业增加了品牌传播预算；七成受访企业具有品牌国际化意识，其中有 27.6% 的企业已经实施了品牌国际化战略；企业更重视下一步品牌战略规划，“找准品牌定位”“实现品牌创新”“增强品牌意识的培养”成为多数受访企业品牌建设未来发展的主要工作。

对比 6 省份企业的品牌建设与传播，课题组在实地调研中发现，经济越发达的地区，企业的品牌意识越强；大企业的品牌意识普遍强于小企业；有扩张和转型需求的企业品牌意识强于保守型企业；新兴产业、新兴业态的企业品牌意识强于传统产业、传统业态的企业；年轻企业家的品牌意识强于老一代企业家。

四、消费者的品牌意识日益提高

课题组对我国 2085 位消费者在线问卷调查的结果显示，近八成（78.1%）的受访者在购买商品或服务时在意品牌。从年龄段来看，“70 后”群体品牌意识最强（在意品牌选择率为 85%）；从收入来看，收入水平与消费者的品牌意识呈正相关，即受访者收入水平越高，品牌消费意识越强。年收入在 6 万元以下、6 万 ~12 万元、12 万元以上的三类受访者在意品牌的选择率分别为 72.7%、78.9%、87.2%。

调查还发现，对于消费者喜欢购买的品牌或服务，67.0% 的受访者首先考虑的品牌因素是其“功能性”。随着收入提高，消费需求逐步升级，消费者不再只是考虑品牌的“功能性”，注重“体验”和“情感性”的比例逐步在提高。调查数据显示，年收入在 6 万元以下的受访者选择“功能性”“情感性”“体验”的比例分别为 70.6%、6.5%、22.9%；而年收入在 25 万元以上的受访者的选择比例依次为 53.1%、12.3%、34.6%。

五、参与品牌建设的社会力量不断壮大

课题组在 6 省 18 市的调研中发现，我国品牌建设和传播的社会力量正在不断壮大，各种行业协会、商标协会、质量协会等积极参与到品牌推广运营、职业技术培训、信息咨询发布等活动中。一些专业的品牌研究机构、运营服务供应机构正在不断涌现，日益活跃。浙江省通过整合第三方资源，成立多方共同参与的市场化组织开展品牌建设，向全省 55 个行业协会放权，让第三方参与“浙江制造”品牌建设工作；广东省成立广东卓越质量品牌研究院，使政府从各种评比等事务性工作中抽身。

六、互联网等新技术的出现使我国品牌在消费模式和商业模式的创新方面异军突起

互联网时代的到来和应用的日益深化，使我国品牌建设和传播进入一个新阶段。课题组对 2085 位消费者在线问卷调查的结果显示，近一半（47.2%）的受访者获得品牌信息最主要的媒介渠道是互联网。课题组对 302 家企业的调查结果显示，四成受访企业在做产品或服务宣传时使用较多的是“互联网”和“移动端”。这种新消费习惯的形成使品牌的线上线下活动实现了有机结合，线上了解品牌下订单、线下获得商品或服务的消费模式，正成为更多消费者的选择。

课题组在调查中发现，利用互联网提供的品牌建设弯道超车重大机遇，

各种中国自主品牌不断涌现，异军突起，像阿里巴巴、腾讯、小米等，不仅提供了全新的商业模式和消费模式，成为我国经济新的增长点，同时正在对全球经济发挥出日益重要的影响力。

（中国经济时报社“品牌传播研究”课题组，执笔：李慧莲、赵海娟）

六省品牌建设与传播调研总报告（中）

我国品牌建设及传播当前存在的主要问题

世界经济已进入品牌驱动时代，而我国仍处于品牌经济的初级阶段。中国经济时报社课题组在 2017 年至 2018 年上半年进行的关于我国品牌建设与传播的专题调查（包括对 6 省 18 市的实地调研、302 家企业管理层访谈和问卷调查以及 2085 位消费者在线问卷调查）结果显示，目前我国品牌建设虽然已取得很大进步，但从整体上看，仍属于“制造大国、品牌小国”，品牌发展滞后于经济发展，处于品牌经济的初级阶段。品牌数量众多但呈现“低、小、散、弱”特征，世界知名品牌比较稀缺，品牌的知名度、美誉度、辐射力、影响力和带动力普遍不强，与发达国家相比仍有差距。课题组梳理调研结果发现，目前我国品牌建设和传播存在的主要问题具体表现在以下几个方面。

一、政府对品牌建设和传播的支持体系有待健全

课题组在 6 省 18 市调研时发现，近年来，虽然各级政府对品牌建设的重视程度和支持力度都有较大提升，但品牌建设支持体系方面仍有待健全。

顶层设计不够，品牌建设缺乏体制机制保障。近几年来，尽管国家发展改革委、工业和信息化部等有关部委以及很多地方政府出台了不少促进品牌发展的指导性文件，但总体看，我国品牌建设缺乏总体战略规划，顶层设计

不够。截至发稿前，尚没有一个专门的职能部门负责品牌建设相关事宜。

多头管理，难成合力。此次调研的6省均未设立专门的品牌建设管理部门，多由工商或质检部门牵头，其他部门协同。各部门工作重点、方向、考核机制不同，部门之间协作、互动性不强，导致在品牌指导、服务、监管等方面难以形成合力。

重投入式发展，轻创新式驱动，后劲不足。调研发现，当前大部分省份在品牌培育上多采取原始的投入式发展，对获得中国驰名商标、省著名商标企业给予奖励，但缺少创新式驱动。

政策宣传不到位。虽然此次调研的6省均已出台省级层面的品牌发展战略规划和扶持政策，但因存在宣传不及时、不到位等问题，参与问卷调查的302家企业中仅有57.1%的受访者表示自己“知道”这些政策，影响了政策落地效果。

二、法制环境未形成，市场监管机制不完善，品牌保护亟待加强

课题组在6省18市调研时发现，近年来，涉及品牌侵权的纠纷呈上升趋势，一些著名商标被抢注、被仿冒的现象在各地普遍存在，而相应的市场监管与法制保障不够完善，企业维权难度较大、成本较高，导致企业品牌创新动力减弱，核心技术缺失，挫伤了企业创建自主品牌的积极性。对302家企业管理者的问卷调查结果显示，“缺乏具有知识产权的品牌核心技术”以及“品牌发展的社会氛围较差”被认为是当前我国自主品牌建设的最大制约因素。

课题组对2085位消费者在线问卷调查的结果显示，52.7%的受访消费者对中国自主品牌的主要印象是“仿冒盛行”；43.2%的受访消费者认为，我国自主品牌建设最需要政府做的工作是“加大对品牌建设方面知识产权的保护力度”。

三、企业对品牌建设与传播存在五大误区

课题组在调研中发现，不少企业对于品牌建设与传播存在一些认识误区，影响了我国品牌经济的发展。误区一，做品牌就是做知名度。一些企业认为名牌可以通过高额广告费造就，对品牌核心价值、产品的质量安全和售后服务重视不够。误区二，做品牌就是做销量。大部分受访企业将重心放在日常生产和销售上，对品牌建设和传播重视不够，导致好产品有好的市场却没有好的品牌，极大地浪费了品牌价值。误区三，做品牌是大企业的事情。大量中小企业主明确向课题组表达了这种看法。他们陈述的主要原因有三，一是怕风险，二是不知道如何做，三是做品牌成本高。误区四，盲目跟风，缺乏既定的明确目标和清晰的战略。误区五，对做品牌缺乏恒心，急于求成。

四、消费者对我国自主品牌的正面评价整体偏低

课题组对 2085 位消费者的网上调查显示，受访者对我国自主品牌的评价以消极负面为主，积极评价不多。具体来看，消极评价的选项主要有缺少技术创新性（13.4%，受访者选择此项的比例，下同）、仿冒盛行（13.0%）、缺少个性（12.1%）、质量差（12.0%）、档次低（9.8%），选择率合计达 60.3%；积极评价的选项主要包括创新性强（7.0%）、高品质（3.2%）、彰显个性（3.0%）、档次高（2.4%）、有品位（0.5%）、有内涵（0.4%），选择率均较低，合计仅为 16.5%。

五、品牌建设和传播专业人才匮乏

课题组对 302 家企业管理层的调查结果显示，“缺乏品牌相关专业人员”已被列为目前制约企业品牌建设和传播的首要因素。可以说，我国在品牌的研究、管理、营销、推广等方面的人才全线紧缺。调研发现，目前，因未设立品牌专业，我国大专院校和研究机构的品牌专业人才培养，只是停留在市

场营销专业的范畴。从事品牌管理和传播的人才多是企业内部培养、半路出家而来，他们推广执行力强，但是在品牌顶层设计上缺乏系统能力，导致企业在品牌战略和发展上缺少主动权，而从国外引进的人才却又存在水土不服的情况。

六、与品牌建设相关的社会机构发展不充分

课题组在 6 省 18 市的调研中了解到，在我国大部分地区，参与品牌建设和传播的社会机构数量日益增多，但质量参差不齐，存在职能定位不清等问题，因此发展并不充分，尚未形成多方参与的品牌培育与传播的良好环境。究其原因，一方面，政府支持不足，“放、管、服”未能协调到位，“放”了但是“管和服”跟不上；另一方面，市场竞争激烈、企业生存压力大以及专业人才缺乏，也影响了社会机构的质量和发展。

七、品牌价值评价体系待完善

课题组在调研中发现，我国品牌价值评价活动仍是鱼龙混杂，评价体系、主办机构很多。一些评比活动以盈利为目的，乱收费，其评价结果缺乏科学性、公正性和权威性，严重影响了企业在市场中的公平竞争，也容易对广大消费者形成误导。此外，即使一些地区有官方组织的正规品牌价值评价活动，又存在品类不全的问题。这些现象出现的主要原因是品牌无形资产价值评价缺乏国家统一标准，且体系不够完善。

（中国经济时报社“品牌传播研究”课题组，执笔：李慧莲、赵海娟）

六省品牌建设与传播调研总报告（下）

对加快我国品牌建设与传播的政策建议

加快品牌建设是我国经济转型升级、迈向高质量发展阶段的内在要求，也是参与全球竞争形成新优势的重要抓手。因此，利用互联网、云计算等新一轮技术革命带来的重大机遇，建设好“品牌中国”就显得十分迫切。对于如何开展下一阶段的品牌建设工作，充分发挥品牌对我国经济转型的引领作用，提升我国在全球产业链上的分工地位，中国经济时报社课题组在进行我国品牌建设和传播系列专题调查后，综合调研中的各种呼声、建议及获得的各种数据，对我国开展品牌建设提出如下建议。

一、完善顶层设计与政策架构，制定品牌建设战略，完善品牌建设与传播的制度环境、法制环境和政策环境

我国应在充分借鉴发达国家经验的基础上，把握好品牌经济后发优势，加快推进品牌建设的顶层设计、政策架构和阶段性推进工作部署。要从战略的角度制定符合国情的品牌建设体制机制，完善品牌发展的制度环境、法制环境和政策环境。

加快制定品牌建设战略规划。建议加快制定国家层面的品牌建设战略规划并列入国家发展规划，明确品牌建设的重点方向、目标和阶段性工作重心。探索建立由国家发展改革委、商务部、财政部、中宣部等多部门参与的部门

联动协调工作机制，推动品牌建设战略的制定和落实。

建立和完善相关法律法规体系。尽快填补品牌建设相关法律法规的空白；健全监管机制，加强市场监管；强化品牌建设过程中的知识产权保护与违法侵权的追责惩罚措施，为企业创建良好的市场竞争环境和法律环境。

加快出台扶持企业品牌建设相关政策，加强政策引导。课题组对 302 家企业管理层的调研结果显示，当前企业最需要政府发挥作用的方面是加大对品牌建设的政策扶持，选择率远高于加强品牌知识产权保护力度等其他选项。因此，建议政府回应企业呼声，加快出台扶持、引导、激励政策，推动资金、技术、人才、土地等要素向品牌企业倾斜。

完善信用体系。加快建立全国统一的信用信息共享平台，推进企业、机构信用在银行、保险、政府采购、工程招投标等领域的共享共用。构建守信激励和失信惩戒机制，建立健全失信“黑名单”制度等。

二、构建多样化的品牌建设与传播社会服务体系

支持发展一批品牌建设和传播的专业社会服务机构。这些中介机构应该实现主体多元化、运行市场化，可以将公益性服务与经营性服务相结合、专项服务与综合服务相协调。同时，充分发挥已成立的品牌协会、商标协会、广告协会、进出口商会等各类专业协会组织在品牌研究、维权、咨询、市场推广等方面的重要作用，不断完善和优化各类品牌建设服务平台。

加快培育品牌建设与传播智库。对专业的第三方品牌建设机构进行评估和备案，培育一批品牌战略推进智库，供企业自主选择、自由合作，从而推动企业的品牌孵化培育和品牌传播提升工作。此外，还可以建立品牌建设与传播的案例库，总结、宣传、推广一批典型企业的品牌建设成功经验，以示范引领为抓手，进一步加强企业品牌建设和传播工作。

三、通过引进和培养两手抓，加快培养品牌建设与传播专业人才

课题组认为，要营造良好的品牌人才培养环境，实行培养和引进相结合，加快品牌建设领域专业人才队伍建设，解决日益严重的人才短缺问题。支持有条件的高等院校开展品牌学科建设；鼓励社会研究机构开展面向企业的品牌建设研究和培训；引进海内外高层次品牌管理专家和高技能人才；建立品牌建设专家人才库，把具有品牌知识、技术背景的人才纳入国家人才政策支持范畴。

四、借助全媒体，搭建快捷有效的品牌传播平台

无论是对内还是对外的品牌传播，建议优化媒体战略布局，整合媒体资源，倡导中央媒体和地方媒体的合作、大众媒体与专业媒体的合作、新媒体与传统媒体的融合，并创造条件促进中外媒体的合作，形成中国品牌传播的媒体“统一战线”。要着力打造具有较强传播力、公信力、影响力的一流旗舰媒体，尤其是要注重发挥新媒体的作用，为自主品牌宣传提供专业、有效的多种传播平台。加强品牌政策的宣传力度，引导企业讲好品牌故事，树立品牌形象，扩大品牌知名度和影响力。同时，特别需要加强对外传播话语体系建设，打造融通中外的新概念、新范畴、新表述，增强主动设置议题的能力，进一步提高我国自主品牌的国际传播能力。

五、要通过积极参与品牌评价国际标准的制定等举措，增强中国品牌国际话语权，推动中国品牌“走出去”

要充分利用中国作为ISO/TC 289秘书国的身份，以有形资产、无形资产、质量、服务、技术创新“五要素”为标准，深入参与品牌国际标准的制定，改变目前全球品牌价值评定标准单一、混业评比、各国各自为政的现状，为推进发达国家、发展中国家共同的品牌价值评价的科学性、公正性、标准

一致性发挥重要作用。同时，提升中国的国际话语权，提升中国品牌的国际形象，推动更多中国自主品牌更快、更好“走出去”。

六、加强品牌文化建设，培养民众消费自主品牌的意识

课题组建议，通过各种方式做好自主品牌的宣传，培育国民消费自主品牌的意识。要充分利用每年 5 月 10 日“中国品牌日”等关键时点、重大事件或活动、重要节展或赛事的契机，发挥新闻发布平台、智库交流渠道作用，加强线上线下的双向品牌宣传。同时，通过组织和举办公益性品牌宣传活动，如网上品牌展会、线上博物馆等，使消费者不受时空限制地体验自主品牌，在全社会营造人人爱护、享受、支持、尊重自主品牌的良好氛围，引导国民对自主品牌的消费行为。

课题组认为，品牌建设与传播是一项系统工程，需要政府、企业、消费者、社会机构等多方合力才能取得预期效果。在此过程中，特别要平衡好政府和市场的关系，双方需明确自身职责，不越位、不缺位、不错位。由于我国还处于品牌经济的初级阶段，要想推动品牌建设进入更高阶段，政府的作用不可或缺。但政府需明确自身的主要职责是引导、激发企业建设品牌的热情，营造良好的品牌竞争市场环境和法制环境，建立一个适合品牌发展的良好生态。企业则应发挥主体作用，通过各种措施不断激发内生动力，提升品牌价值。

总之，课题组希望通过这一系列举措，最终形成政府推动、市场主导、企业自主、社会参与的品牌建设与传播新格局。

（中国经济时报社“品牌传播研究”课题组，执笔：李慧莲、赵海娟）

302 家企业问卷调查报告

政府引导作用待加强　企业内生动力需激发

品牌是企业乃至国家竞争力的综合体现，在中国经济迈向高质量发展的过程中，品牌建设将发挥引领作用。由中国品牌建设促进会牵头、中国经济时报社成立的课题组在 2017 年下半年至 2018 年年初奔赴我国广东、浙江、江苏、山东、湖北、四川 6 省 18 市，对 302 家企业进行访谈和问卷调查，以期准确了解我国企业品牌建设和传播的真实现状。这些受访企业中有 60% 为民营及民营控股企业，其余 40% 为国有及国有控股企业和港澳台及港澳台控股企业；企业规模分布均匀，小型及微型企业占 42.2%，中型企业占 31.2%，大型企业占 26.6%。

调查结果显示，我国企业的品牌意识普遍增强，对品牌建设与传播的重视度和热情度提高；在品牌建设和市场竞争中，企业更看重品牌定位、产品品质和创新能力等发挥的作用；在互联网时代的大背景下，越来越多的企业将品牌传播渠道从传统媒介转向互联网和移动端，口碑传播成为当前企业使用最为频繁的品牌传播途径。

与此同时，调查发现，大部分受访者对我国自主品牌的正面评价不高，选择缺少技术创新性、仿冒盛行、缺少个性等负面评价的较多。受访者普遍认为，当前制约我国自主品牌建设的最主要因素是品牌缺乏具有知识产权的核心技术以及品牌发展的社会氛围较差。大部分受访者对当前企业品牌传播的效果不满意，普遍认为，企业自身人力、财力以及品牌意识缺乏制约了企业品牌传播。

受访者建议，在品牌建设与传播方面，企业要充分发挥主体作用，政府要更多发挥政策引导作用。在加强品牌人才队伍建设方面，受访者更倾向于引进和培训人才。

一、我国企业的品牌意识普遍增强，对品牌建设与传播的重视度和热情度提高

70.0% 以上的受访企业拥有自有品牌。调查显示，此次随机调查采访的企业中，拥有自有品牌的企业占了大多数，其中，57.5% 的受访企业仅做自有品牌，13.6% 的受访企业不仅做自有品牌还做贴牌生产，两者相加，拥有自有品牌的企业占比达到 71.1%。此外，在受访企业中，15% 的企业仅做贴牌生产，加上不仅做自有品牌还做贴牌生产的企业（13.6%），总计有 28.6% 的受访企业进行贴牌生产。另外，调查显示，6.0% 的受访企业是连锁加盟企业，没有品牌的企业仅占 7.9%（见图 1）。

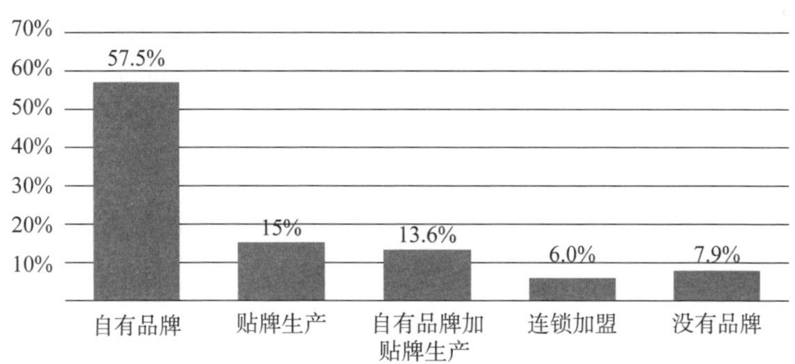

图 1 企业拥有产品或服务的品牌分布

74.2% 的受访企业设有品牌管理部门（含兼职），其中，近一半企业的品牌管理部门是在近 5 年内设置的。调查结果显示，46.8% 的受访企业家表示已设置了品牌管理方面的专职部门，27.4% 的企业设置了兼职部门，两者

相加，即 74.2% 的企业设有专职或者兼职部门负责品牌管理。此外，还有 12.4% 的企业准备设立兼职或专职部门负责品牌管理，仅有 13.4% 的企业没有设置也没有计划设置品牌管理部门。

调查还发现，这些设有品牌管理部门（含兼职）的企业中，近一半（49.6%）企业是在近 5 年之内设置的品牌管理部门（1 年以内占 20.9%，3 年左右占 28.7%），另有 22.0% 的企业设置品牌管理部门在 5 年以上，10 年以上的有 18.3%，15 年以上的有 7.1%，20 年以上的有 3.0%（见图 2）。

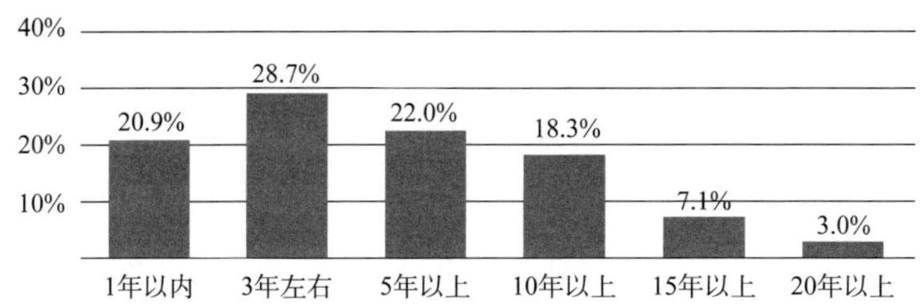

图 2　企业设置品牌管理职能部门的时间

由企业设置品牌管理职能部门的情况可知，企业对品牌建设的重视程度在提高，且近 5 年来，大部分企业品牌意识逐渐增强。调研中还发现，经济越发达的地区，企业的品牌意识越强；大企业的品牌意识普遍强于小企业；有扩张和转型需求的企业品牌意识强于守成型企业；新兴产业、新兴业态的企业品牌意识强于传统产业、传统业态的企业；年轻企业家的品牌意识强于老一代企业家。

70.7% 的受访者具有品牌国际化传播意识。对企业是否有品牌传播国际化策略的调查显示，27.6% 的受访企业已有并已实施国际化策略，22.9% 的企业正在研究，20.2% 的受访者已有正准备实施，三者合计共有 70.7% 的受访者具有品牌国际化传播意识。另外，有 29.3% 的受访者表示未考虑品牌传播的国际化策略（见图 3）。

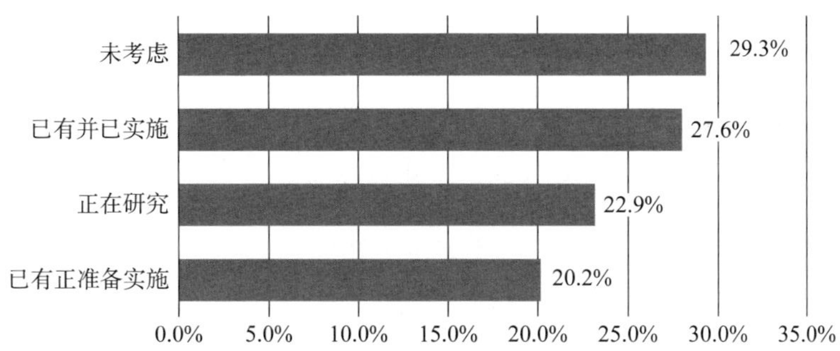

图 3　企业拥有品牌传播国际化策略的情况

60.0% 以上的受访企业在 2018 年增加了品牌传播预算。从调查结果来看，约 62.8% 的受访企业表示 2018 年增加了品牌传播预算，其中，30.0% 的企业选择增加 15% 左右的预算，18.1% 的企业选择增加 30% 左右的预算，8.5% 的企业选择增加 50% 左右的预算，6.1% 的企业选择增加 100% 以上的预算；另有 29.4% 的受访企业保持品牌传播预算不变；仅有 7.9% 的企业减少品牌传播预算。企业在品牌传播预算上的投入增加，显示出企业对品牌的重视程度在提高，也从侧面显示出企业的品牌意识增强（见图 4）。

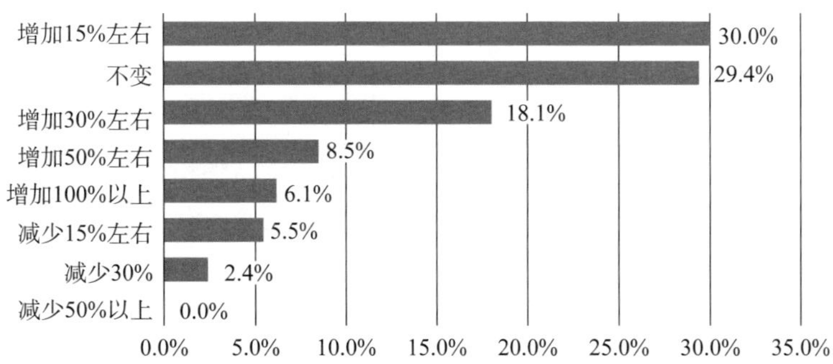

图 4　企业 2018 年品牌传播预算与 2017 年相比的变化情况

二、受访企业更看重品牌定位、产品品质和创新能力等在品牌建设和市场竞争中发挥的作用

找准品牌定位、实现品牌创新、增强品牌意识的培养等成为受访企业品牌建设未来发展策略的主要选择。调查结果显示，受访企业家对企业品牌建设未来发展策略的选择相对分散，对品牌认知存在差异。排名前三位的企业品牌建设未来发展策略选项依次是“找准品牌定位，树立清晰的品牌形象”“努力实现品牌创新”“增强品牌意识的培养”，选择率分别是21.6%、19.8%、19.3%。之后是从传播和国际竞争力的角度来进行品牌建设，其中13.3%的企业选择“强化公关能力”；13.0%的企业选择“增加品牌传播的渠道”；12.9%的企业选择“增强品牌的国际竞争力”（见图5）。

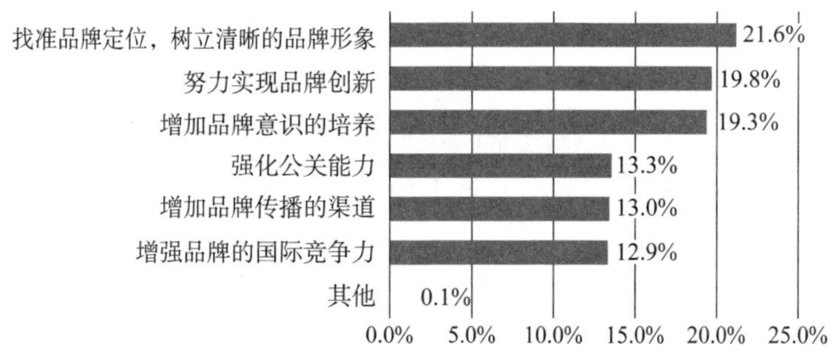

图5　企业品牌建设未来发展策略选择情况

产品品质和创新能力成为受访企业极为看重的品牌市场竞争力要素。调查结果显示，企业品牌目前在市场中最具竞争力的要素选项中，“产品品质”和“创新能力”均有超过三成的受访企业选择，位列前两名，选择率分别为35.0%和30.2%。此外，还有20.8%和14.0%的受访企业分别选择“服务水平”和“品牌文化”（见图6）。受访企业普遍认为，在品牌建设中，质量是基础，创新是灵魂，二者相互促进，只有抓好这两点，企业的品牌建设才有底气。

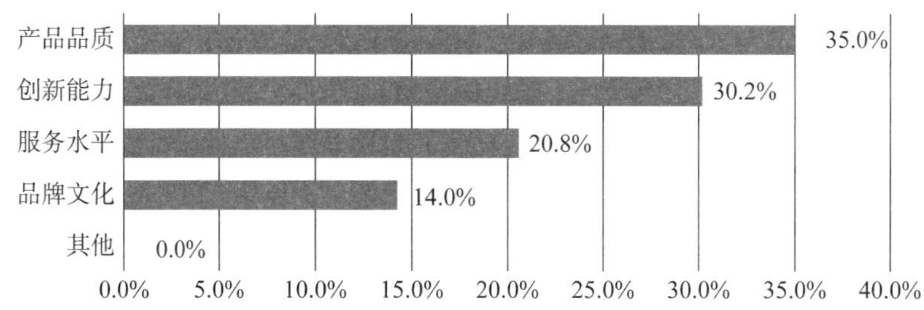

图 6 企业品牌目前在市场中最具竞争力的要素

三、大部分受访企业将品牌传播渠道从传统媒介转向互联网和移动端，“口碑传播”成了使用最为频繁的品牌传播途径

对于当前企业产品或服务宣传所使用的渠道，受访者普遍看好互联网和移动端。调查显示，分别有 40.8% 和 40.1% 的受访者选择了频繁使用“互联网”和“移动端”，二者几乎并列第一。所有渠道按使用频率分值从高到低排序依次为“互联网”“移动端”“报纸、杂志、传单等纸质印刷品”“户外媒介”“电视、广播等”“售点媒介”“直邮媒介”。调研发现，传统媒体和新媒体的融合发展为品牌传播提供了新渠道。企业品牌传播不再局限于某一渠道、某种形式，而是以多元化的方式和形象出现，这种品牌传播方式和体系将具有更好的社会效果和影响。但值得注意的是，在互联网背景下，品牌传播正在呈现“双刃剑”特征。一方面，互联网给予了企业更便捷的传播手段；另一方面，企业的负面信息同样传播迅速，对企业的负面影响极大。

“口碑传播”成了受访企业使用频率最高的品牌传播途径。调查显示，39.7% 的受访者选择频繁使用“口碑传播”，排名第一。品牌传播途径按使用频率分值从高到低排序依次为口碑传播、新闻报道、行业评选、展览展示、投放硬广告、赞助、提供增值服务、促销活动、做公益活动、请品牌代言人等。可见，大部分企业正在从传统品牌传播途径转向能够借助移动互联网发挥最大效用的途径。

四、大多数受访者对我国自主品牌的评价不高，普遍认为缺乏具有知识产权的核心技术以及品牌发展的社会氛围较差制约了当前我国自主品牌的建设与传播

大部分受访者对我国自主品牌的评价偏消极。调查结果显示，受访者对我国自主品牌的具体评价较为分散，但如果按积极、消极和中性三个维度来划分，消极评价占比较高。具体来看，消极评价主要包括缺少技术创新性（13.4%）、仿冒盛行（13.0%）、缺少个性（12.1%）、质量差（12.0%）、档次低（9.8%），选择率合计达60.3%；中性评价主要包括数量多（14.3%）、中国元素不突出（8.9%），选择率合计23.2%；积极评价主要包括创新性强（7.0%）、高品质（3.2%）、彰显个性（3.0%）、档次高（2.4%）、有品位（0.5%）、有内涵（0.4%），选择率均较低，合计仅为16.5%。

缺乏具有知识产权的核心技术以及品牌发展的社会氛围较差被普遍认为是当前我国自主品牌建设的制约因素。调查结果显示，当前制约我国自主品牌建设的因素较多，导致受访者选择较为分散，相对来说，受访者对缺乏具有知识产权的核心技术和品牌发展的社会氛围较差两项的认同度较高，选择率几乎相同，分别为15.2%和15.0%。此外，其他制约因素选择率从高到低排列分别为：缺乏正确的品牌宣传舆论导向（14.1%）、全社会对品牌认知不强（13.0%）、相关的法律法规缺失（11.1%）、缺乏国家品牌战略规划（10.4%）、中介机构发育不良（8.1%）、品牌专业人才严重缺乏（8.0%）、缺乏支持品牌建设的天使投资机制（5.1%）（见图7）。课题组在实地调研中发现，由于知识产权保护不足，企业创新动力较弱，核心技术缺失，不仅制约品牌建设，更是挫伤了企业创建自主品牌的积极性。

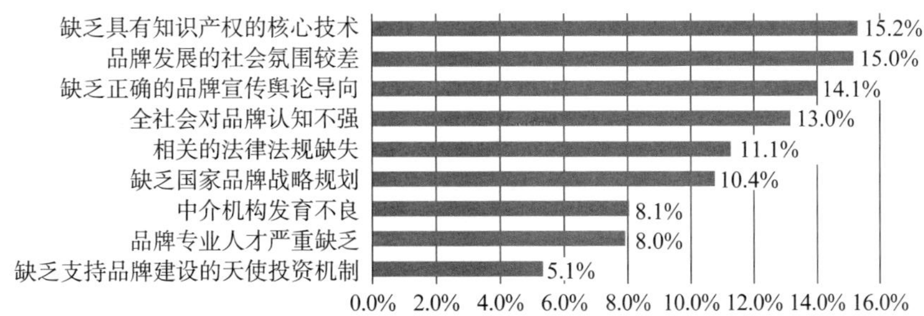

图 7 企业对当前我国自主品牌建设与传播制约因素的判断

五、受访者对当前企业品牌传播效果不满意，企业自身人力、财力以及品牌意识缺乏成为制约企业品牌传播的主要因素

大部分受访者认为当前企业品牌传播的效果有限，不尽满意。调查结果显示，仅有 22.9% 的受访者认为“很有成效”。此外，近一半（47.1%）的受访者对企业品牌传播效果的自我评价是“有些效果”，14.5% 的受访者认为“效果平平”，7.1% 的受访者认为“说不清楚”，6.7% 的受访者认为“没有效果”，还有 1.7% 的受访者认为“有负面效果”（见图 8）。

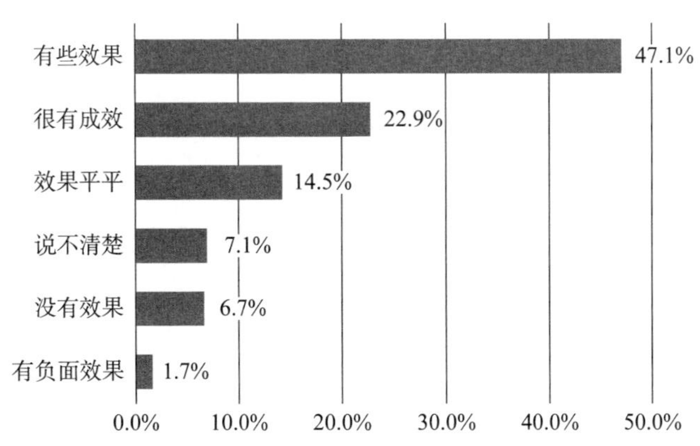

图 8 企业对品牌传播效果的判断

缺乏相关专业人员成制约企业品牌传播的首要因素。调查结果显示，目前制约企业品牌传播的因素很多，受访者选择较为分散，相对来说，缺乏相关专业人员的选择率较高，达 19.2%，排名第一。其他制约因素按选择率从高到低排列依次为投入不足（17.7%）、缺乏品牌规划（12.8%）、缺乏品牌意识（11.1%）、市场环境太差（9.5%）、对规划的执行力不够（8.9%）、缺乏自主核心技术（8.1%）、政府支持力度不够（7.1%）、相关法律法规不完善（5.4%）、其他（0.2%）（见图 9）。可见，在品牌传播领域，主要制约因素为企业自身人力、财力以及品牌意识缺乏，市场及政府政策等并不是主因。调研中发现，品牌专业人才已成为稀缺资源，不论是已经有品牌基础的大型企业，还是品牌建设还在孕育期的小微企业，都缺乏专业的品牌人才。

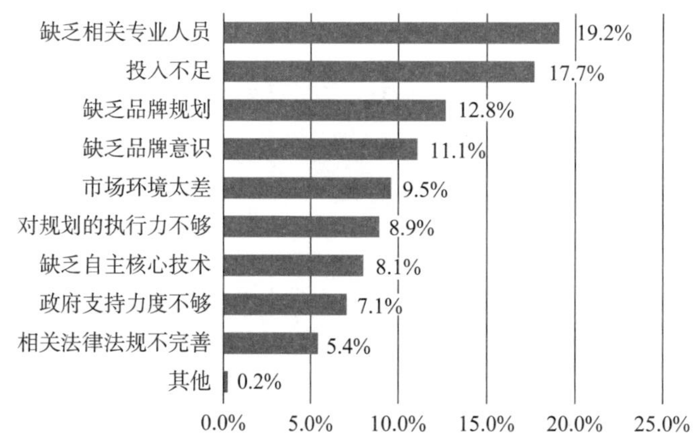

图 9　企业对品牌传播制约因素的判断

受访企业普遍认为，品牌人才培养滞后是我国品牌专业人才匮乏的主要原因。因品牌理论和应用源自营销学，目前品牌专业人才培养大多附属于市场营销专业，专业性不够。很多从事品牌管理的人才是从企业内部培养的、半路出家，他们推广执行力强，但是在品牌顶层设计上缺乏系统能力，缺少经验。从国外引进的人才又存在水土不服的问题。

六、在品牌建设与传播方面，受访企业希望政府更多发挥政策引导作用

调查结果显示，加大政策扶持成为企业在品牌建设方面需要政府做的工作之首。16.1% 的受访者认为，当前最需要政府加大对品牌建设的政策扶持，选择率远高于其他选项。其他依次为扶持自主品牌（11.4%）、加强标准制修订（10.9%）、加大资金支持（10.4%）、加强对企业的培育指导（9.9%）、加大品牌知识产权的保护力度（7.8%）、加强专业人才培养（7.7%）、发挥行业协会作用（6.5%）、建立科学的品牌价值评价机制（5.2%）、加快出台国家品牌战略规划（4.7%）、规范评比行为（4.4%）、加强中介机构建设（2.8%）、建立品牌天使投资机制（2.2%）（见图 10）。

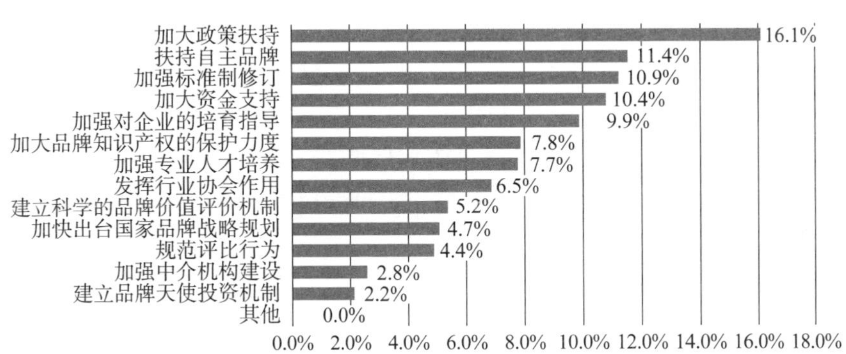

图 10 企业对品牌建设方面最需要政府做的工作的看法

调研发现，品牌建设与传播是一项系统工程，多方合力才能达到最佳效果。在品牌建设的过程中，要平衡好政府和市场的关系，双方需明确自身职责，不越位，不缺位。政府的主要职责是承担引导和服务功能，为企业品牌建设营造良好的市场环境和社会氛围。企业则要发挥品牌建设的主体作用，激发内生动力，多措并举提升品牌价值。

政府应发挥引导作用，不越位，不缺位。要想推动我国品牌建设从初级阶段进入更高阶段，政府的作用还很关键，不可或缺。但政府要积极转变政府职能，

做企业背后坚定的支持者和服务者。政府需明确自身的主要职责是引导社会重视品牌，引导舆论关注品牌，激发企业建设自主品牌的热情，净化品牌竞争的市场环境，建立一个适合品牌发展的良好生态。

企业应发挥主体作用，激发内生动力。企业是品牌价值提升的最大获益者，亦是品牌建设的主体。企业要增强品牌意识，通过提高产品品质、制定符合发展实际的品牌建设与传播战略以及设立专门的品牌机构等措施，不断激发内生动力，提升品牌价值。

七、在加强品牌人才队伍建设方面，受访者更倾向于引进和培训人才

调查结果显示，引进和培训人才成为受访企业心目中加强品牌人才队伍建设的最有效途径。“引进品牌管理专业人才”和“开展品牌从业人员培训”分别以超三成（33.2%和31.7%）的选择率位列前二。此外，“发挥企业家的作用”“支持有条件的院校设立品牌专业”选择率分别仅为19.5%和15.6%（见图11)。调研中发现，受访者普遍认为品牌人才不仅应具备专业素质，更应有丰富的经验积累，因此，企业更愿意引进和培训适合本企业的品牌人才，而对于支持院校设立品牌专业不抱太多希望。

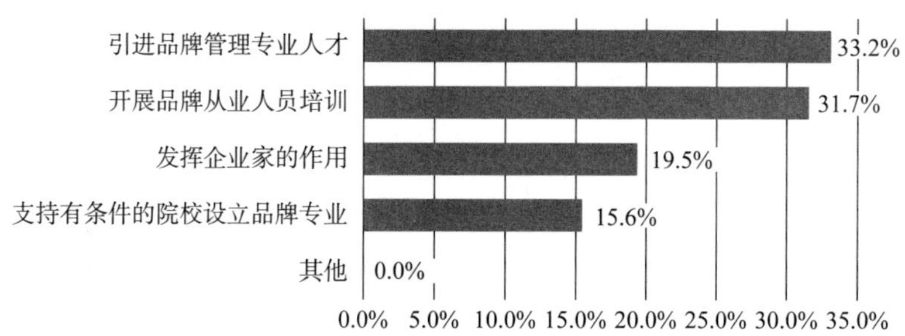

图11　企业对加强品牌建设人才队伍最有效途径的看法

（中国经济时报社“品牌传播研究”课题组，执笔：李慧莲、赵海娟，刊发于2018年9月14日《中国经济时报》，有微调）

2085 位消费者问卷调查报告

互联网已成品牌传播主渠道

当前，我国品牌发展滞后于经济发展，品牌建设与传播的理论和实践处于初级阶段。互联网时代的到来，给原有的品牌建设与传播的理论和实践带来了前所未有的变化和冲击，同时提供了前所未有的空间和机遇。

由中国品牌建设促进会牵头、中国经济时报社成立的课题组从 2017 年 12 月开始，委托人民网针对我国品牌建设与传播状况进行在线问卷调查，以期摸清我国品牌建设与传播的实际现状，找准品牌建设与传播中存在的主要问题。

这项有 2085 位消费者参与的在线问卷调查结果显示，消费者品牌意识日益提高，在购买商品或服务时，大多数受访消费者在意品牌，对于喜欢购买的品牌首先考虑功能性；互联网已成为受访者获得品牌信息最主要的媒介渠道；品牌定位与品牌设计被普遍认为是我国企业品牌建设与传播的优点；制约我国自主品牌建设与传播的最主要因素是缺乏品牌创意等内部因素；仿冒盛行等负面印象成了大多数受访消费者对中国自主品牌的主流印象；中国自主品牌传播与国外品牌相比在多个方面存在差距，受访者普遍认为，内在因素是影响我国自主品牌传播到世界市场的主因；大多数受访者表示，中国自主品牌的建设与传播最需要政府做的工作是加大品牌知识产权的保护力度。

参与此次问卷调查的消费者性别分布较为平均，其中男性占 56.7%，女性占 43.3%；以中青年为主，“80 后”最多，占 30.0%，然后依次向两边递减；

年收入低于12万元的最多，占比为78.5%，年收入在12万~25万元之间的有15.3%，高于25万元的有6.2%。

一、消费者的品牌意识日益提高

调查结果显示，近八成（78.08%）的受访者在购买商品或服务时在意品牌，12.04%的受访者不在意品牌，另有9.88%的受访者表示“说不清楚”（见图12）。

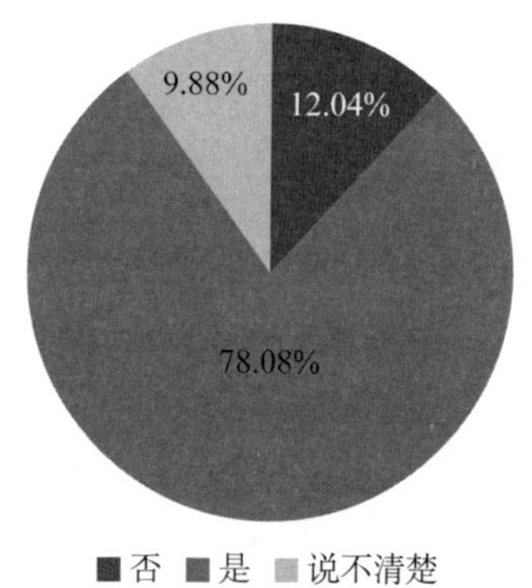

图12　消费者在购买商品或服务时是否在意品牌

调查发现，大多数受访消费者在购买商品或服务时均在意品牌，不存在性别差异，但存在一定的年龄和收入差异。调查结果显示，从性别来看，无论男性女性，大多数在购买商品或服务时均在意品牌，与全样本没有显著差异。从年龄来看，无论哪个年龄段，大多数在购买商品或服务时均在意品牌，其中“70后”群体品牌意识最强（在意品牌选择率为85%），而“90后”和“00后”群体的品牌意识小于其他年龄群体。从收入看，无论处于哪个收入阶段，大多数受访者在购买商品或服务时均在意品牌，但收入水平与品牌意识呈正相关，年收入在6万元以下、6万~12万元、12万元以上的三类受访者在意品牌的选择率分别为72.7%、78.9%、87.2%，可见，受访者收入水平越高，品牌消费意识越强。

调查结果显示，对于喜欢购买的品牌，67.0% 的受访者首先考虑的品牌因素是其“功能性”，26.4% 的受访者首先考虑“体验”，仅有 6.6% 的受访者首先考虑“情感性”。

调查发现，首选因素不存在显著的性别差异，无论男性女性，大多数受访者首先考虑的都是“功能性”，其次是“体验”和“情感性”，与全样本不存在显著差异。从年龄来看，虽然所有年龄段的大多数受访者首先考虑的因素均是“功能性”，其次是“体验”，最后是“情感性”，但与“70 后”及之前的群体相比，“80 后”及之后的年轻群体对“体验”的关注显著增多，对“功能性”的重视程度显著减少。“体验”正在成为越来越多年轻人消费时的首选因素。

从收入来看，虽然所有收入阶段的大多数受访者首先考虑的因素均是“功能性”，其次是“体验”，最后是“情感性”，但是随着收入提高，消费需求逐步升级，消费者不再只考虑品牌的“功能性”，注重“体验”和“情感性”的比例逐步提高。调查数据显示，年收入在 6 万元以下的受访者选择“功能性”“情感性”“体验”的比例分别为 70.6%、6.5%、22.9%，而年收入在 25 万元以上的受访者的选择比例依次为 53.1%、12.3%、34.6%。

二、互联网已成消费者获得品牌信息最主要的媒介渠道

调查结果显示，47.2% 的受访者获得品牌信息最主要的媒介渠道是互联网，该项位列榜首，之后为电视广告（18.7%）、手机等移动端（11.0%）和他人介绍（10.8%），户外媒介和报纸杂志等媒介渠道占比较低，均不足 5%（见图 13）。

获得品牌信息最主要的媒介渠道不存在显著的性别差异。调查发现，无论男性女性，均有接近半数的受访者获得品牌信息最主要的媒介渠道是互联网，与全样本不存在显著差异。

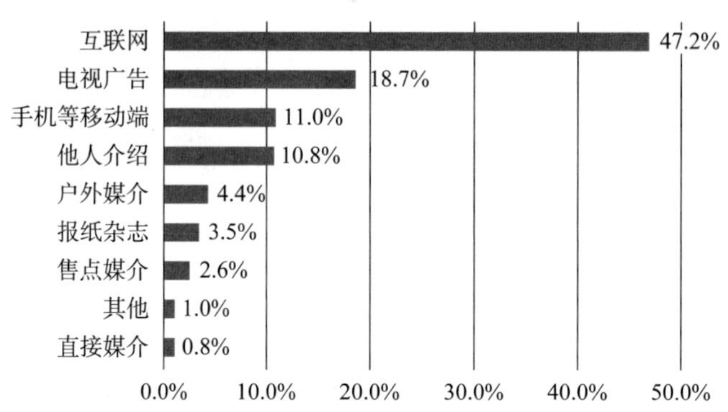

图 13　消费者获得品牌信息最主要的媒介渠道

获得品牌信息最主要的媒介渠道存在年龄差异。调查结果显示，第一，“40 后”群体互联网的接入程度远远低于其他年龄段群体，其获得品牌信息最主要的媒介渠道并不是互联网（18.2%），而是户外媒介（27.3%）和他人介绍（27.3%）。第二，随着年龄递减，互联网的品牌媒介作用越来越显著，呈上升趋势，比如伴随着互联网而成长的“80 后”和“90 后”群体选择互联网渠道的比例分别为 52.2% 和 55.5%，高于其他年龄段群体。第三，手机等移动端的品牌媒介作用，呈现出与互联网相似的变化。第四，随着年龄的减小，他人介绍的品牌媒介作用递减，值得注意的是，“00 后”群体出现新特征，对互联网的选择率有所下降，他人介绍作用则开始回升，对口碑传播的接受程度提高。第五，随着年龄的减小，电视广告的品牌媒介作用呈现先高后低的趋势，自“80 后”群体开始，电视广告的作用越来越小。

获得品牌信息最主要的媒介渠道存在收入差异。调查发现，受访者无论处于哪个收入阶段，互联网均是其获得品牌信息最主要的媒介渠道，但同时存在差异。随着收入水平的提高，互联网和电视广告的作用呈现下降趋势，移动端和他人介绍的品牌媒介作用有所提升。

总体来看，获得品牌信息的媒介渠道变化，与社会传播主要媒介发展的方向一致。

三、品牌定位与品牌设计为我国品牌传播优势

调查结果显示，受访消费者对我国企业的“品牌定位”与“品牌的名称、商标、广告语的设计”满意度较高，选择率位列前二，分别为47.6%和47.1%。此外，还有较多受访者选择“传播手段的组合”（35.5%）、“品牌包装”（33.3%）、“传播媒介的组合”（32.5%）。仅有26.0%和29.9%的受访者选择“企业文化在品牌传播中体现”和“与消费者的互动”。由此可见，受访者对我国企业品牌建设与传播的外在表现形式普遍较为认可，但对企业文化融合以及与消费者互动等深层次品牌传播的认可度则较低（见图14）。

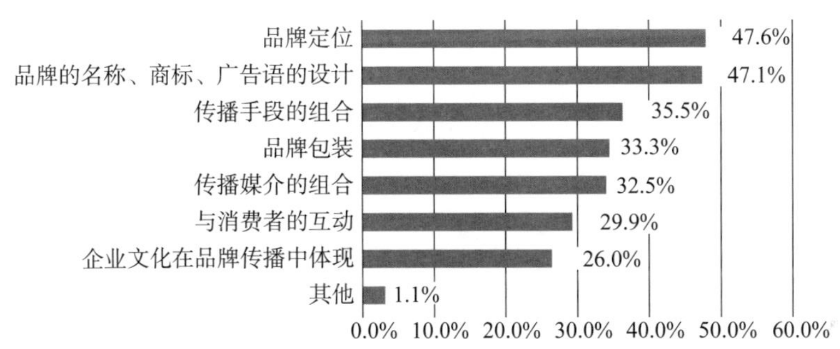

图14 消费者对我国企业品牌建设与传播优点的看法

不同年龄段的受访者对我国企业品牌传播优点的看法有所区别。调查结果显示，除“40后”外，其他年龄段的受访者多数认为我国企业的品牌传播做得较好的是“品牌定位”“品牌的名称、商标、广告语的设计”等，但也存在一些差异。比如，“50后”对“与消费者的互动”认可较多，“60后”对“企业文化在品牌传播中体现”认可较多，但是自“60后”开始，随着年龄的减小，对“企业文化在品牌传播中体现”的认可逐渐降低，越是年轻的消费者，越是不认可“企业文化在品牌传播中体现”。

不同收入水平的受访者对我国企业品牌传播优点的看法有所区别。调查结果显示，无论受访者处于哪个收入水平，获得认可较多的两项依然是“品

牌定位”和“品牌的名称、商标、广告语的设计”，收入在12万元以下的受访者更加认可“品牌定位”，而收入在12万元以上的受访者更加认可“品牌的名称、商标、广告语的设计”。同时，随着收入水平升高，受访者对我国企业品牌“与消费者的互动”的认可度降低。

四、缺乏品牌创意成为制约我国自主品牌传播的最主要因素

调查结果显示，超八成受访者认为，我国自主品牌建设与传播存在的最大制约因素是品牌内部因素，比如“缺乏品牌创意”（24.7%）、“品牌在国际上认可度低”（19.4%）和“缺乏品牌意识”（18.4%）、“缺乏处理品牌危机的能力”（9.0%）、“缺乏品牌宣传的执行力”（6.2%）、“缺乏品牌传播专业人才”（5.3%）等。仅有少数受访者认为是一些外部因素在制约我国自主品牌传播，比如“相关法律法规有待完善”（7.2%）、“品牌传播渠道不够多样”（6.3%）以及“政府支持力度不够”（2.8%）等。可见，受访者不看好我国自主品牌的自身实力，认为我国自主品牌要想做好做强，必须首先突破内在制约因素（见图15）。

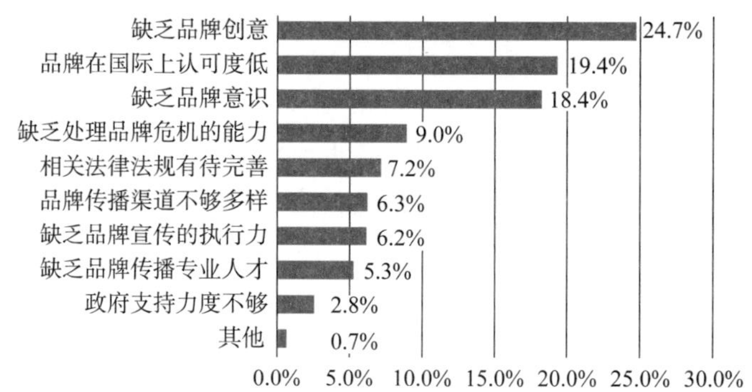

图15 消费者对我国自主品牌建设与传播最大制约因素的看法

不同年龄段消费者关于我国自主品牌建设与传播存在的最大制约因素的观点存在差异。调查结果显示，较多“50后”受访者认为“相关法律法规有

待完善”（14.55%）是最大制约因素，超过了“缺乏品牌创意”（11.8%）。随着受访者年龄的减小，“缺乏品牌创意”的选择率增大，“相关法律法规有待完善”的选择率降低。总体上看，年轻人更加注重品牌自身的创意。

不同收入群体关于我国自主品牌建设与传播存在的最大制约因素的观点存在差异。调查发现，无论哪个收入群体的受访者均认为最大制约因素主要是品牌自身的因素，但是，随着收入水平的提高，“缺乏品牌创意”的选择率增加，“相关法律法规有待完善”和“品牌传播渠道不够多样”的选择率降低。

五、仿冒盛行等负面印象成了大多数受访消费者对中国自主品牌的主要印象

受访者对中国自主品牌的负面印象较多。调查结果显示，受访者对中国自主品牌排名前四的印象均为负面的：“仿冒盛行”（52.7%）、“缺少技术创新”（41.2%）、“数量多质量差”（39.8%）、“缺少个性”（32.0%）。其他负面印象还包括“中国元素不突出”（29.9%）和“档次低”（21.9%）。而正面印象获得的认可是较少的，选择率排名靠后，分别为“有中国文化特点”（8.5%）和“高品质高档次”（4.2%）。

不过，值得注意的是，有31.4%的受访消费者认为中国自主品牌“品质和档次有明显提升”（见图16）。

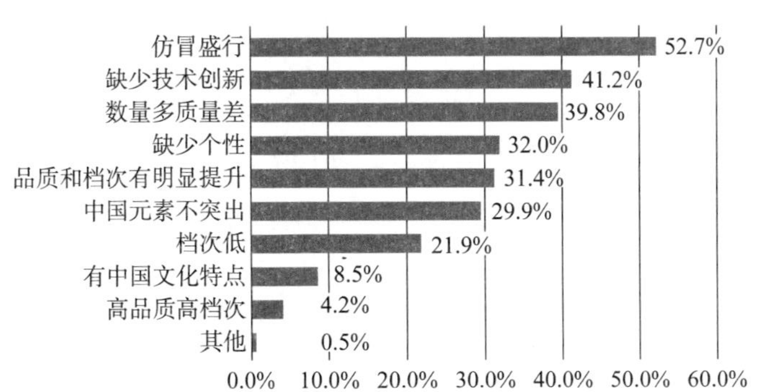

图16 消费者对中国自主品牌的印象

综合来看，当前大部分受访消费者对中国自主品牌的负面印象偏多，但从中也可以感受到中国自主品牌正在随着“中国制造向中国创造转变，中国速度向中国质量转变，制造大国向制造强国转变”而发生蜕变，品质和档次在不断提升。

不同年龄段的受访者对中国自主品牌的印象具有一定的差异性。调查结果显示，总体上说，无论是处于何种年龄段的受访者，对中国自主品牌的负面印象均是较多的。具体来看，“70后”受访者选择较多的三个印象是“仿冒盛行”“缺少技术创新”和“缺少个性”，而其他年龄段选择较多的均依次为“仿冒盛行”“数量多质量差”“缺少技术创新”。

不同收入水平的受访者对中国自主品牌的印象具有一定的差异性。调查发现，总体上说，无论是处于何种收入水平，受访者对中国自主品牌的负面印象均是较多的。具体来看，年收入在25万元以下的受访者选择最多的是“仿冒盛行”，年收入在25万元以上的受访者选择最多的则是“数量多质量差。”

六、中国自主品牌传播与国外品牌传播相比仍存在差距，特别是传播理念落后

中国自主品牌传播与国外品牌传播相比在多个方面存在差距，导致受访者的选择相对分散。调查结果显示，相对来说，“传播理念落后”（27.4%）、“与消费者互动不足”（20.4%）两项选择率较高。此外，其他选项选择率从高到低依次为“传播内容粗放”（16.9%）、“传播效果评估欠缺”（13.7%）、“传播渠道单一”（11.2%）以及“传播新技术应用不足”（10.4%）（见图17）。

无论哪个年龄段的受访者均认为“传播理念落后”是中国自主品牌与国外品牌在传播方面的最大差距所在。此外，“70后”及其之前年龄段的受访者更多地认为最大差距在于“传播效果评估欠缺”，而“80后”及其之后年龄段的受访者更多地认为最大差距在于“传播内容粗放”。

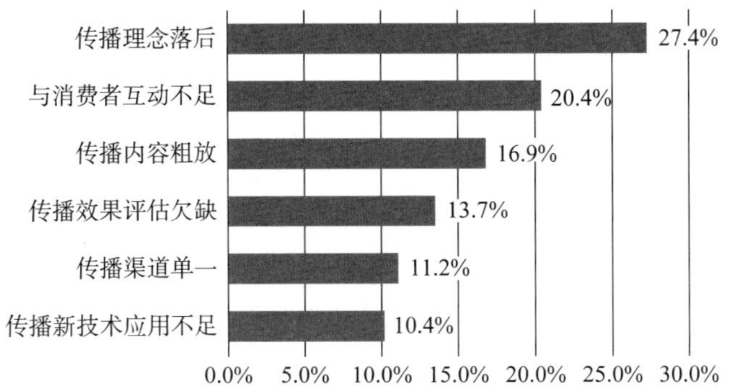

图 17 中国自主品牌与国外品牌在传播方面的差距

不同收入水平的受访者关于中国自主品牌与国外品牌在传播方面的差距持有不同的观点。第一，随着收入水平的提高，更多的受访者认为“传播理念落后”是最大的差距，比例呈递增的趋势；相应地，较多年收入在 6 万元以下的受访者认为“与消费者互动不足”是最大的差距。第二，随着收入水平的提高，更少的受访者认为“传播新技术应用不足”和“传播渠道单一”是最大的差距，比例呈递减的趋势。

七、内在因素是影响我国自主品牌传播到世界市场的主因

品牌自身包含的价值、文化、传播战略等内在因素，是影响我国自主品牌传播到世界市场的主因而非传播的外在表现形式。调查结果显示，受访者对“缺乏针对性的品牌传播战略”（24.9%）、“品牌价值较低”（21.9%）、“品牌文化缺乏”（15.7%）等内在因素的选择率相对较高，合计超六成。而受访者对其他外在因素选择率均较低，比如“品牌价值评估太乱”（12.8%）、“品牌传播内容欠佳”（9.4%）、“品牌传播路径不明”（8.3%）、“传播方法陈旧”（6.4%）等。受访者认为，自主品牌的传播要抓住主要矛盾，致力于提高品牌内在特质和传播战略，比致力于传播的外在表现形式更重要（见图 18）。

对于影响我国自主品牌传播到世界市场的主要原因，“50 后”受访者更

多选择“品牌价值较低”，其他年龄段的受访者更多选择“缺乏针对性的品牌传播战略”，并且随着年龄减小，该选项的选择率逐渐降低。

不同收入水平的受访者均认为“缺乏针对性的品牌传播战略”“品牌价值较低”和“品牌文化缺乏”是影响我国自主品牌传播到世界市场的主要原因。但是，随着收入水平的提高，“缺乏针对性的品牌传播战略”的选择率呈递增趋势，“品牌传播路径不明”和“传播方法陈旧”的选择率呈递减趋势。

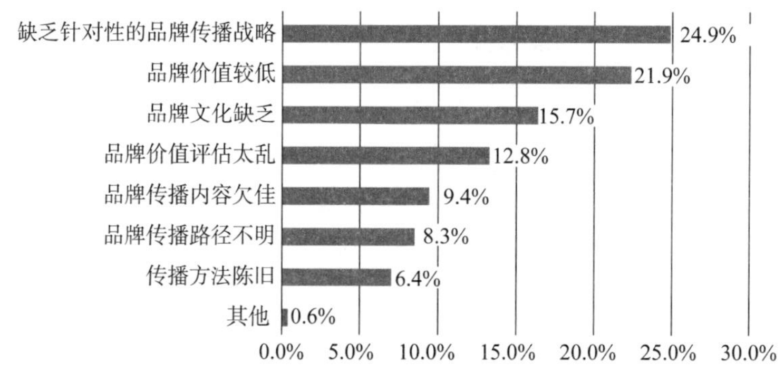

图 18　消费者对影响我国自主品牌传播到世界市场主因的看法

八、中国自主品牌的建设与传播需要政府加大品牌知识产权的保护力度

调查结果显示，受访消费者认为中国自主品牌的传播与建设需要政府做的工作是“加大品牌知识产权的保护力度”（43.2%），其次是“营造良好舆论环境”（39.0%）、“加强专业人才培养”（35.3%）以及“加大政策扶持”（34.0%）（见图 19）。

知识产权保护对于品牌创新和发展具有至关重要的作用。受访消费者普遍建议“加大品牌知识产权的保护力度”，该选项共识度较高，可见，目前我国在此方面还有欠缺。

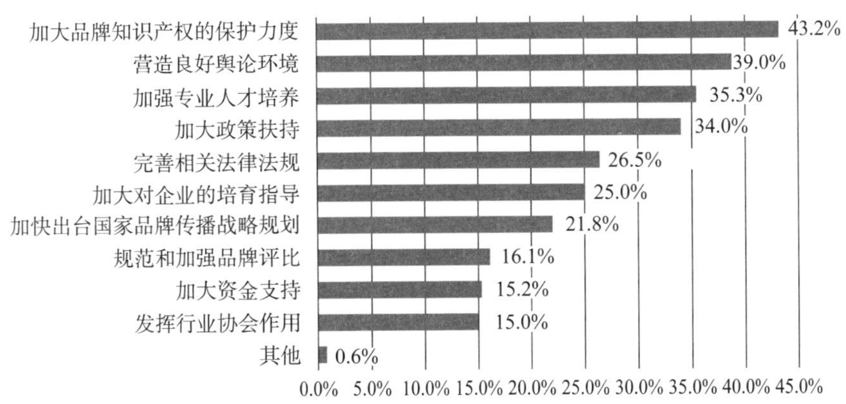

图 19　消费者对我国自主品牌建设与传播需要政府做的工作的看法

此外，受访者的选择还有“完善相关法律法规”（26.5%）、“加大对企业的培育指导”（25.0%）、“加快出台国家品牌传播战略规划”（21.8%）、“规范和加强品牌评比”（16.1%）、“加大资金支持”（15.2%）和“发挥行业协会作用”（15.0%）等。

不同年龄段的受访者对政府在中国自主品牌的建设与传播方面需要做的工作的观点存在部分差异。“50 后”受访者认为政府需要做的工作是“营造良好舆论环境”（50.9%）和“加大政策扶持”（47.3%），其他年龄段受访者则更多选择“加大品牌知识产权的保护力度”。“营造良好舆论环境”是各个年龄段的受访者都认为很重要的工作，但随着受访者年龄的减小，该选项的选择率逐渐降低，“加大政策扶持”的选择率也呈递减趋势，“加强专业人才培养”受到越来越多受访者的认可，呈递增趋势。

从收入水平来看，年收入在 6 万元以下的受访者更认可“加强专业人才培养”和“营造良好舆论环境”，其他收入水平的受访者则更认可“加大品牌知识产权的保护力度”。年收入在 25 万元以上的受访者除了选择“加大品牌知识产权的保护力度”，还较多地选择了“完善相关法律法规”。

（中国经济时报社“品牌传播研究”课题组，执笔：李慧莲、赵海娟，刊发于 2018 年 9 月 20 日《中国经济时报》，有微调）

第五部分

六省调研新闻报道

（以刊发时间先后为序）

编者按：

为贯彻《国务院办公厅关于发挥品牌引领作用推动供需结构升级的意见》，了解当前中国品牌建设与传播的真实现状及存在的问题，为政府、企业及其他部门提供决策参考，从 2016 年 11 月中旬开始，中国经济时报社“品牌传播研究”课题组选取我国广东、浙江、江苏、山东、湖北、四川六省进行调研，形成系列调查报道，详细内容如下。

广东调查（1）· 现状篇

不一样的广东品牌正在归来

在全球化的浪潮中，广东品牌曾给人留下廉颇老矣的印象，但越来越多的迹象表明，广东品牌在全国乃至全球市场中不断进击，在国际化征程中实现弯道超车。面向世界，开放、交流、融合，不一样的广东品牌正在归来。

一、大品牌们的“小目标”

时间回到2017年1月27日除夕夜。

在当天的央视春晚上，广汽集团（以下简称广汽）自主品牌广汽传祺作为唯一“上春晚”的汽车品牌，向全球华人送上新春祝福，展现中国汽车“品牌向上”的国际化新形象；随后在央视元宵晚会上，广汽传祺再次送出旗下爆款车型GS4使用权并与观众共贺佳节。

与此次携手央视春晚相比，更值得关注的是广汽传祺销量的爆发式增长。自上市以来，广汽传祺实现高速稳定增长，年复合增长率超80%，2016年终端销量超38万辆，同比增长98%。虽然广汽仍然坚持着“合资合作与自主创新相结合”的发展道路，但显然在其战略布局中，实现自主品牌创新才是最终归宿。2017年，广汽提出小目标，正式开启“品牌升级年”的大幕：到“十三五”末，力争完成汽车产销量达到240万辆，年复合增长率约12%，营业收入超4000亿元，利税总额超500亿元的目标；力争成为中国汽车行业的知名品牌，建立具有全球化影响力并具备高度社会责任感的国际汽车集团品牌形象。

在广东，有一大批像广汽这样的知名企业，通过抓产品质量、加大研发力度来擦亮品牌，带动行业发展。

在品牌意识尚未崛起的年代，华帝股份有限公司（以下简称华帝）依靠过硬的品质和口碑，与方太、老板形成国内厨电三足鼎立的局面。然而，在消费升级的大环境下，中高端产品开始不断蚕食中低端产品的市场份额。不满足于现状的华帝董事长潘叶江提出了“市值百亿（元），销售额百亿（元）”的双百计划。潘叶江认为，高端与智能是行业发展的必然趋势，华帝作为行业一线品牌，必须提前做好品牌与产品定位。于是，华帝从智能方面切入品牌的差异化运营，通过软硬件的智能化布局，提高产品附加值，解放“厨房生产力”。如今，华帝已发展成为国内厨卫行业的龙头企业之一，以华帝品牌为引领，华帝和百得双品牌独立运作，事业共同发展，形成高低搭配，实现产品市场的全面覆盖。

无独有偶，2017 年 3 月 7 日，尚品宅配在深交所创业板正式敲钟。作为家居行业近几年异军突起的新星，尚品宅配从非主流的宅配行业跃升到主流的整体家居定制，并保持了令业界艳羡的 60%~70%的年增长率。

尚品宅配总经理李嘉聪将企业战绩归功于“O2O（线上到线下）+B2C（企业对消费者的电子商务模式）”营销模式的创新和 IT（互联网技术）云数据库的支持：软件公司负责研发，前端销售、设计、生产、物流等都有一套成熟的 IT 管理系统；网络公司的 O2O 平台不仅吸引网上的客户资源，关键还形成一套庞大的客户数据。尚品宅配利用云计算技术，建立了房型库、产品库、方案库三大库，“三驾马车”并行，形成其他企业无法比拟的竞争优势。

“差异化”是李嘉聪在采访中谈及品牌战略时说得最多的词。

“通过差异化产品杀出一条血路，通过差异化服务赢得市场，再通过差异化的品牌推广——也就是 CSR（企业社会责任），来提升整个品牌美誉度。”李嘉聪在接受《中国经济时报》记者采访时提到：尚品宅配十余年的成长，每次转身，每次营销变革，都力求让客户感觉这是一个有高度的品牌，不仅仅是价格取胜，更是品质取胜。

二、小企业们的“大理想”

变革发力的不只是龙头企业。

广东要建设品牌强省，提升区镇中小企业集群品牌竞争力就必然成为关键支撑。如何把满天星星化为月亮，是广东品牌建设发展的一道坎。

2006 年 10 月，广东省江门市新会区种植的新会柑和加工的陈皮获得国家地理标志产品保护后，柑橘种植规模逐渐从 666.6 公顷增长至 2666.6 公顷，逐渐实现了由传统、单一的柑橘、陈皮农业和食品加工业向旅游文化等第三产业的快速发展，年产值从 4000 多万元增长至 17.5 亿元。

陈皮村“村长”吴国荣从事国际贸易生意 20 多年，他把江门市新会陈皮村当作自己的二次创业，希望通过创建江门市新会陈皮村规范整个行业秩序，将陈皮制作流程标准化，将陈皮检测标准科学化，整合散落的资源，聚合各自为营的商家，同时推广新会陈皮品牌，让江门市新会陈皮走得更远。

事实上，陈皮村不是一个真正意义上的自然村，而是一个创立于 2013 年的企业，全称为江门市新会陈皮村市场股份有限公司。该公司根植新会，是以陈皮这个中国制造产品为核心、以多业融合为宗旨、以弘扬文化和体验为特色的综合性产业发展平台，定位是一个全新的旅游产业综合体。

如今在新会，陈皮村建造起一个独具特色的实体园区，包含 65 万平方米的种植区，25 万平方米的文化体验区。除了陈皮标准仓储中心，其还在政府支持下筹建新会陈皮鉴定中心，两个“中心”在做深新会陈皮产业的同时，带出了行业标准话语权等话题。

用发展产业集群来破解品牌建设难题的还有广东省中山市。

专业镇经济是中山的一大特色，全市共有 18 个省级专业镇和 37 个国家级产业基地。在诸多专业镇之中，涉及家居生活的传统产业占据很大一部分，包括大涌镇的红木家具、古镇镇的灯饰产业、小榄镇的家电五金等，其在全国的市场份额占有率都蔚为可观。

2012 年，中山市提出打造中山美居品牌的相关计划，力图整合这些特色产业，形成更具影响力的区域品牌。

4 年多过去了，依托全市优势传统制造业和民营经济的中山美居已经成了中山经济发展的核心竞争力。中山不仅成功注册中山美居这一集体商标，还成立了中山美居产业联盟，中山美居创意产业园已引入设计、营销、电子商务类企业 200 余家。这些互联网企业的入驻，为中山的传统产业插上了翅膀，使得来自专业镇的家居产品走向全国，走向世界。

三、“质量”和“标准”是品牌之基

“传祺品牌是靠品质打出来的，没有‘品’就没有‘牌’。”广汽董事长曾庆洪曾说，传祺首要是不惜一切抓产品的品质。

传祺的崛起只是广东企业追求质量发展的缩影。在 2010 年和 2013 年，广东省先后出台质量强省的意见和决定，剑指产业结构不合理、产业层次低等问题。之后更将质量强省上升为经济社会发展的基本战略，开启广东省发展的质量时代。

一个标准能够打造一个品牌，更能够成就一个产业，拉动一方发展。在帮助企业争创名牌，实现名牌战略协调发展上，广东省有自己的做法。早在“九五”计划期间，广东省就提出了实施“三个一批”（创立一批名牌产品、形成一批支柱产业、发展一批大型企业集团）的经济发展目标。2002 年，广东省开始实施名牌带动战略，随后出台《广东省名牌产品评价实施细则和方案》，通过加强品牌的评价方式来引导和激励企业加强品牌建设，进一步夯实企业发展的基础战略。

2013 年，在广东省质量技术监督局的指导下，广东卓越质量品牌研究院成立，主要负责宣传和贯彻广东省品牌评价政策法规，承担企业品牌的培育孵化、价值评估、品牌评定等工作；开展质量工作和品牌建设研究，推广卓越绩效管理等先进的质量管理方法。通过实施名牌带动战略，加强品牌建设，品牌评价的社会公信力提高了，广东省品牌数量位居全国首位。参评企业不仅提升了知名度和美誉度，也提升了产品的附加值，更加注重自主创新、质量管理和品牌建设。

“顺德的箭牌陶瓷在2005年申报名牌项目时，整个销售额才1.1亿元，但拿到名牌称号后，每年基本上都以翻一番的速度发展，销售额在2015年底已突破50亿元。”广东卓越质量品牌研究院院长陈权告诉《中国经济时报》记者，佛山南海的铝型材平均每吨价格比国内同行业高出100元左右，也是通过品牌建设，附加值得到不断提升。

显而易见，品牌带动战略对“广东产品”向“广东名品”转变，促进广东省经济结构调整和转型升级起到了极大的推动作用。

四、多渠道品牌传播叫响“广东牌”

2013年12月，广东省企业品牌建设促进会（以下简称品促会）成立。

“品促会现在的工作，就是推广广东品牌集群，推广最优秀的广东品牌。”广东省品促会秘书长王满平在接受《中国经济时报》记者采访时说。在品牌建设与传播过程中，广东省也充分发挥了行业协会等社会组织在品牌研究、咨询、宣传、维权等方面的重要作用，并且依托协会多次为中小企业举办品牌推介会。

按照广东省品促会的“品牌广东2017年度计划”，30个广东地标品牌创新博览馆会相继亮相，其中除了广东21个地市的地标品牌创新博览馆，还有一些区镇的地标品牌创新博览馆。

政府和行业协会都在为粤企名品的推广而努力，但在互联网兴起之后，传统的品牌传播方式还是受到很大冲击，品牌运作几乎发生根本性的变化，在传播和信息碎片化的影响下，新媒体成为品牌传播行业的必备手段。

新媒体的高速发展和传播能力让陈皮村副总经理吴曼菲感触颇深：“我们团队用了3年时间把陈皮村这个品牌塑造起来，如今这个平台已超过一百万人，他们用微博、微信等新媒体平台大量转发，让陈皮村这个品牌在最短的时间内做起来了。”吴曼菲认为，品牌的打造有很多形式，而陈皮村是依托一个平台，用历史文化去打造品牌。“这样做可能对传统媒体有一些冲击，因为我们几乎不做广告，就用文化、历史平台去打造一个品牌。”

“现在国内企业对品牌的重视程度比起以往来说已经有了明显改变，一些企业的品牌意识已经和国际接轨，但由于中国制造业企业层次不同，它们在品牌意识的重视程度上差异性非常大。”从事国际贸易生意13年时间的路璐是华泰国际传媒集团总经理，她曾经遇到过一个珠海企业家，有自己的工艺，纱线用全植物染色，但不热衷做广告，就这样默默做了30年纺织行业的地下冠军。“企业家本身就是品牌。对这样的企业宣传非常有价值和必要。”路璐说，很多国家对于中国制造和中国品牌的认识有非常大的差异，认为中国制造就是仿品、假冒伪劣，导致很多误解，而这个企业家恰恰用30年工匠精神诠释了什么叫品牌。

“我们要做的就是通过传媒力量去客观地呈现中国有优秀品牌、优秀企业，有不亚于世界水平的制造业企业。”路璐认为，媒体在企业品牌建设过程当中责任重大。

“发挥好作为媒介的作用，让中国品牌立于世界之林，这是我们现在必须要做的事情。”路璐说。

（执笔：张李源清、胡畔、王丽娟，刊发于2017年4月6日《中国经济时报》，有微调）

广东调查（2）· 瓶颈篇

广东缘何产业强、品牌弱?

广东省是以制造业为主要经济支撑点发展的省份，通过长期的积累和沉淀，成为“中国品牌第一大省”，但企业品牌多而不强的问题依然存在。

《中国经济时报》记者通过调查发现，近年来，广东品牌的内外驱动力减弱，广东省产业强、品牌弱的主要原因在于政策支持力度不够、品牌含金量低、国际知名品牌少、企业品牌意识薄弱。当前，广东省迫切需要大批知名品牌的支持，通过打造一批竞争力强、附加值高的拳头品牌，来加快实现从贴牌大省向品牌大省、从“广东制造”向“广东创造”的转变。

一、政策支持力度还有着力空间

在广东省质量技术监督局的一个会议室内，广东卓越质量品牌研究院主任陈权向《中国经济时报》记者坦言，在政府层面，广东对品牌建设与传播的支持力度并不明显，还有着力空间。

“这几年在品牌建设方面，我们还没有感受到很具体、很有利的政策支持。同时，在资金和品牌宣传方面，也从未拿到过政府的一分钱去做这件事情。这是非常遗憾的，希望政府能够予以重视。”陈权感叹道。

陈权介绍，广东卓越质量品牌研究院成立的初衷是将政府的职能进行转移分离，专门辟出一个机构专注品牌方面的工作。

《中国经济时报》记者在采访中也发现，广东省在政府层面还缺乏专门的品牌规划文件，也缺乏有效的关于品牌传播的政策支撑体系。虽然也有来自政府层面的“广货网上行”等网站和手机平台用于打造和传播广东品牌，然而根据反馈结果来看，实际作用不太明显。

同时，广东省也建立过“评”“管”分离的名牌评价机制，不过陈权告诉《中国经济时报》记者，截至发稿前，广东省的品牌价值评价还仅限于工业类和农业类产品，服务业品牌没有贯彻名牌评价机制。“服务业是国家重点鼓励发展的产业，是国家经济的重要组成部分，占据着重要的位置。可以说，开展服务业品牌价值评价十分迫切。”陈权强调。

事实上，在调查过程中，大多数企业都呼吁政府尽快建立起相关行业的品牌质量标准评定体系，从而推进企业进一步提高产品质量。其中，食品行业的相关呼声极为迫切。

二、品牌含金量低，国际知名品牌少

虽然广东省已经拥有TCL科技集团股份有限公司、珠海格力电器股份有限公司、美的集团、格兰仕集团、创维集团有限公司、OPPO广东移动通信有限公司等知名企业和品牌，但是这些品牌与可口可乐等世界知名品牌的价值无法同日而语，除华为入围“世界品牌500强”榜单，排名第47，其余均无缘入榜，更不用说进入颇具权威性和影响力的美国《商业周刊》的“全球最有价值100个品牌”排名。

仅以当前情况来看，广东企业大多在国际范围内影响力不够，并存在集群内企业规模小、品牌缺失、粗放经营、无序竞争等问题。“不缺技术、不缺产能，缺的是牌”，成了让广东企业痛心疾首的现状。

同时，商标作为知识产权的重要内容，是品牌的法律载体和主要表现形式。虽然近年来，广东省也以前所未有的规模与深度实施商标品牌战略。但广东省仍存在部分著名商标被国外抢注的情况，这也意味着这些企业的品牌被长期挡在国际市场大门外，长期培育形成的品牌价值被白白浪费；还有不少国内知名品牌在与外商合资的过程中，没有重视品牌保护，跨国公司通过购并后束之高阁。

广东省质量技术监督局办公室副主任谭教千还告诉记者，随着简政放权的推进，行业协会成立的准入门槛降低，因而在品牌协会方面，会出现数量增多、质量不一、不伦不类、素质较低、收费给牌、假冒伪劣等乱象，而政府部门对此的监管相对乏力。

"品牌协会乱象丛生源于政府的'放、管、服'未能协调到位，'放'了但是'管'跟不上。当前，许多企业的自制力还不够，政府对于协会的监管还不到'放'而少'管'的地步。不过归根结底，还是要构建出一个完善的品牌体系，才能避免这些乱象丛生。"谭教千说。

三、企业大多注重提升产品品质，但品牌意识薄弱

广东省是我国改革开放最早受益的地区，同其他地区企业相比，广东企业的产业化发展规模大、经营模式先进。在经营思路上，广东不少企业凭借产量大、成本低而获得了丰厚的利润，但当企业发展到一定规模，具备了相当的资金和实力后，相当多的企业在品牌建设上表现得不尽如人意。

"比起做广告，我更相信做质量能让产品走得更远。"在江门市新会陈皮村，多名于此间从事陈皮产销的企业家们都这样告诉记者。

据陈皮村"村长"吴国荣介绍，陈皮村并非自然村，而是个集陈皮产销于一体的产业园区，旨在以当地的陈皮文化特色带动陈皮产业的发展，再通过陈皮产业的发展助推企业走出去。

不过，《中国经济时报》记者走访入驻其中的多家中小企业后发现，"60后""70后"的老企业家们大多安于现状，更希望将资金投放在产品的质量上，对做品牌有力无心。即便是拥有一定资金基础和品牌意识的"村长"吴国荣也更倾向"品质重于品牌"的观点。"80后""90后"的新中小企业家们虽然各有想法，但由于企业规模小、缺乏资金，对做品牌有心无力。

"目前，我们才刚刚建立了品牌，资金大多用在了提升产品质量上，只能

拿出十分之一的资金用在品牌的广告宣传上。”“80后”的“海归”创业者吴钊鹏一边打理店铺，一边告诉《中国经济时报》记者，“只有保证产品丰富，才能有内容进行品牌的推广”。

新会陈皮村的此种现象并不是个例。再以广东省制造业为例，广东省的经济外向程度较高，但制造业企业多数使用OEM方式，很少拥有自主品牌，整体上处于全球产业链的低端；而由于依托劳动力和场地优势，尽管企业的利润微薄，但仍有利可图，因此缺乏创建自主品牌的动力。这种情况不仅出现在中小企业，在不少大型企业也很常见。

事实上，在此次接受《中国经济时报》记者调研和采访的中小企业中，不少企业家普遍存在这种意识，认为自身缺乏塑造品牌的实力，认为品牌建设必须投入大量的人力、物力，而这是一般企业不能承受的。这直接导致了企业对品牌塑造的忽视、回避问题。

《中国经济时报》记者调查发现，尽管企业的核心竞争力在于产品，但大部分企业将重心全部放到日常经营上，重视产品的生产销售、积累资本，在发展过程中忽视品牌的发展，最终导致一个好的产品虽然有好的市场，却没有好的品牌。

可以说，做品牌不是一蹴而就的事情。需要企业有正确的品牌观念和意识，还需要有详细周全的规划。但从调研情况看，大多数企业除了缺乏品牌意识外，对品牌建设也缺乏整体规划。在接受《中国经济时报》记者采访的企业中，有近九成的企业并没有设立专门的品牌管理部门和人员，缺乏品牌建设的理论基础和人才基础，其中不乏大中型企业。同时，这些企业传播品牌的渠道也并不丰富，多是通过展会、网上推广平台、贸易公司等传统渠道进行传播推广。

“目前来看，虽然很多企业也有品牌升级的需求，但是对于如何建设和传播品牌，企业主往往会感到茫然。”专门从事媒介运营、企业品牌设计工作的企业家张继国在企业座谈会上向《中国经济时报》记者坦言。

华泰国际传媒集团总经理路璐也在企业座谈会上告诉《中国经济时报》记者，有些企业虽然有品牌意识，却没有正确的品牌运营理念，品牌理念模糊、朝令夕改，导致在品牌建设过程中品牌形象不鲜明，削弱了品牌竞争力。

“许多企业的掌舵人大部分自身观念尚未转变，对品牌传播的认识仅限于‘大肆做广告’，更不用说国际化的思维了。”路璐说，“他们对将品牌传播至海外的考量几乎很难看到。经常是‘广告一停，销量下滑’，无法起到深入的传播效果，取得消费者的信任，这也造成了很多企业在品牌建设和传播中的盲目。”

（执笔：胡畔、王丽娟、张李源清，刊发于 2017 年 4 月 7 日《中国经济时报》，有微调）

广东调查（3）· 对策篇

培养品牌意识从政府开始

在这个同质化严重的时代，企业如果没有品牌意识，很容易被淘汰。作为我国第一制造业大省，广东省近年来奉行以“质量强省”为主的政策战略，但在品牌建设方面，还停留在十年前的名牌评价上，相对缺少完整的品牌培育规划和品牌发展的支持政策。

随着近年来企业品牌意识的觉醒，品牌政策的缺失可能造成品牌建设发展的瓶颈。特别是在传统制造业利润大幅下滑的形势下，依托政府的指导，利用品牌战略增加产品的附加值，加强企业竞争力，成为广东省企业家们翘首以盼的事情。

《中国经济时报》记者在调研中发现，不论是品牌建设已经非常成熟的大型企业，还是正在建设和发展中的中小型企业，对品牌方面的政策都十分期盼，而且主要集中在政策引导和财政支持上。

一、完善政策体系方能夯实品牌发展基础

陈皮村在江门市打造了一个集陈皮交易、特色餐饮、休闲养生、文化旅游于一体的特色农产品商业文化综合体，近几年吸引了大量游客，引起了政府的重视，在很多方面得到了政府的大力支持。但在与记者谈及当地政府在品牌建设方面的支持时，其常务副总经理吴曼菲表示很无奈。

吴曼菲向记者介绍，陈皮村从建立之初就有了品牌建设意识，品牌建设是陈皮村早已确定的长期战略，需要持续不断投入大量的财力和物力。“虽然当地政府也很重视品牌的打造，但执行起来我觉得还是困难重重。”就吴曼菲自己近年来和政府打交道的经验来看，其认为造成困难现状的主要原因是没有确切的部门来承担品牌建设相关事务，不少部门都觉得这不是自己的职责。企业相关人员在各部门间来回跑却解决不了问题的情况时有发生。

“归根结底还是简政放权的问题，我觉得，政府完全可以单独建立一个机构，把行政职权分离出来，政府只要加强监督指导就解决问题了。”她对记者说道。

对于求助无门之事，深圳市眼康科技有限公司（以下简称眼康科技）负责人林振军也感同身受。他向记者介绍，眼康科技作为一个处于发展阶段的科技企业，在实践中已经认识到品牌建设的重要性，在既没有资金也没有经验的情况下，目前只能靠做公益活动和口口相传的方式推广自己。

“不光是我们公司，行业中很多企业都面临这种状况。近年来，公司做了一些公益活动来推动这个行业的发展，可是一个公司的力量毕竟有限，所以非常希望政府能牵个头。其实我们找过不少部门，但都没有得到确切的帮助。”林振军说。

类似的情况在调研中并不少见。可以看出，企业其实非常需要政府的支持和引导，如果政府层面缺乏专门的政策引导，企业要想独自打造自身品牌是比较困难的，特别是处于起步阶段的中小企业。可以说，不管是在品牌意识的培育，还是在品牌建设的引导和支持上，政府都应在其中扮演导师的角色。

这一观点得到了华泰国际传媒集团总经理路璐的赞同。在佛山市企业品牌建设情况调研座谈会上，她说：“未来中国制造业要向中国品牌转变，靠谁来落地？靠的是地方政府，靠的是真正在一线上的企业，地方政府的政策支持其实就是对企业的倾斜性引导，所以说，在品牌建设方面，地方政府的责任非常大。”

由此看来，政府应加强自身品牌战略意识，建立和完善品牌的政策支持体系，针对广东省的品牌发展现状，尽快出台纲领性政策文件对企业进行指导。同时，政府要明晰政府职能，根据产业来划归品牌管理职能。

二、加强指导帮助企业拓展品牌传播新途径

除了政策方面的顶层设计需要加强外，记者还发现，在品牌传播方面，政府也应加强指导。

广州尚品宅配家居有限公司总经理李嘉聪在其办公室接受记者采访时，谈起这样一件事，“十年前，我们公司正处于成长关键期，当时的广东省委书记经常到我们工厂去做调研，不仅为我们提供了技术支持，还大大增加了我们公司的媒体曝光率，很快便使我们声名鹊起，对公司的成长起到了很大的推动作用。”

可见，政府的支持和引导对品牌传播也非常重要。不过，十前年传统媒体是传播的主要途径，政府引导起来相对容易，但在信息技术高速发展的今天，各种自媒体方兴未艾，新媒体甚至有逐渐取代传统媒体之趋势，政府的把控难度非常大，在这种情形下，政府应该如何介入？

从事品牌建设与传播二十年多的优势（中国）品牌智业机构品牌营销中心总监毛鸿说：“互联网兴起之后，品牌原来的运作模式发生了根本性变化，原来做品牌主要是靠打广告，但在传播和信息碎片化之后，好像做品牌没什么效果了，这使企业很迷茫。”

另外，在互联网的冲击下，品牌的传播速度也发生了巨大的变化。“原来一个品牌从规划到亮相再到最后取得效益，至少需要三年。这个周期现在已经被大大缩短，可能就几个月，现在的传播方式发生了根本性变化。”毛鸿说。

传播方式发生了变化，企业的传播观念也要相应地进行调整。尚品宅配的传播观念转变得非常迅速。进入互联网时代后，尚品宅配加大了线上广告投入。在 2015 年首届中国企业微信财富榜上，尚品宅配的微信号以高达 53 亿元的品牌价值独占鳌头。李嘉聪坦言，线上投入不是真正意义上的广告，

但能起到宣传的作用，主要功能就是引流，将用户浏览量引到自己的品牌关注度上来。

因此，从调研结果来看，在媒介信息碎片化的当下，政府应该因地制宜，根据不同行业的特色来细化品牌建设与传播的政策侧重点，充分发挥报纸、电视、广播、杂志等传统新闻媒体的宣传作用，引导微博、微信、视频网站等新媒体平台的正面传播作用，积极引导企业适应“互联网 +”时代的品牌发展要求。

三、优化服务能力满足各行业对政府的期待

对于广东省品牌建设过程中政府作用缺失的原因，广东省企业品牌建设促进会常务副会长兼秘书长王满平将其归结为品牌意识不强，品牌理解不深入。

在他看来，广东省的主要策略是质量强省，但是，质量只是品牌建设的一个领域，单纯的质量高不是品牌建设。“质量再好也卖不出价格，但加上品牌立刻身价倍增，就像一条牛仔裤，成本才十几元，一贴牌就能卖到几百元。”他说道。

对于以后的政策期待，王满平觉得加大财政支持最为迫切。“本来很多企业的品牌意识就不强，要是还让企业自己拿钱，企业可能就更不配合了。像我们这样的社会组织，资金筹措也很困难，活动资金来源主要还是自筹。”

当记者问及是否向参评企业收取费用时，王满平回答：“品牌评价这种活动不能向企业收取费用，一收取费用就成了花钱买品牌，会影响我们协会的信誉，也会扰乱行业秩序。”因此，他建议，要像支持技术创新、质量创新一样，政府在品牌建设与传播方面也要有支持，特别是财政方面的支持。

在品牌传播方面每年投放金额较大的尚品宅配，在财政方面对政府没有要求，但李嘉聪表示，当前最需要政府在人才培育方面给予大力支持。他认为，企业的竞争力归根结底是人才的竞争。广州、深圳的人才落户比较困难，再加上房价高涨，“逼”走了很多人才。这对企业留住人才、引入人才非常

不利。

“在这方面希望政府能有相关政策，让更多的人才能在大城市安居乐业。否则企业可能就没法运转了。”李嘉聪说。

作为一个以农产品为主的企业，陈皮村的相关负责人吴曼菲对政府的期待主要落在行业标准上，她说：“一个行业要想做大，就一定要有标准。我们自己做的只能是企业标准，行业的标准则需要政府有关部门牵头去做。在陈皮加工这个行业很多方面都是空白，需要政府做的事还很多。”

因此，广东省政府还需进一步优化政府服务企业的能力，加大创新力度，切实帮助企业在品牌建设过程中解决实际困难，进一步营造良好的品牌发展环境。

最后，在谈到未来的广东品牌发展情况时，王满平充满信心，“在广东省政府的大力支持下，广州品牌大厦已经建成，投资 200 亿元的品牌创新孵化基地 2017 年也要在佛山进入项目落实阶段。我认为，2017 年广东省的品牌建设将会进入大发展、大跨度的阶段。”

（执笔：王丽娟、张李源清、胡畔，刊发于 2017 年 4 月 10 日《中国经济时报》，有微调）

江苏调查（1）· 现状篇

江苏品牌：聚力创新　加快迈步中高端

2016年12月19日，江苏省第一大报《新华日报》以近半个版的篇幅刊载了一则“广告”——2015年度江苏自主工业品牌五十强宣传企业名单。其中，“宣传企业”四个字，引起了彼时正在江苏进行品牌建设与传播课题调研的《中国经济时报》记者的好奇。

记者注意到，当天，江苏省政府新闻办、省经信委、省工商局、省质监局四部门在南京联合召开了一场新闻发布会，会上公布了江苏自主工业品牌五十强宣传企业名单，洋河、常柴、红豆、维维、波司登、海澜之家等五十家江苏品牌企业榜上有名。记者了解到，名单公布后，四部门将依托省内主要媒体，大力宣传些企业的品牌培育经验，展示江苏制造业品牌形象。

是什么促使政府主动帮助企业做宣传？而且这些企业都是省内各行业的排头兵企业、品牌企业。在解开这一谜团之前，先了解一下江苏的品牌家底。

一、亮家底

江苏辖江临海，扼淮控湖，经济繁荣，教育发达，文化昌盛。无论是综合竞争力、人均GDP（国内生产总值），还是地区发展与民生指数（DLI）均居全国前列。在经济快速发展的同时，江苏省的品牌建设也风生水起，成果丰硕。

江苏不仅涌现出了“镇江香醋”“盱眙龙虾”“洞庭山碧螺春”“南京云锦”等一批经济效益好、带动辐射强、高知名度的地理标志品牌，也培育出了苏宁、徐工、红豆、洋河等一批市值逾百亿元的高端商标品牌。从世界品牌实验室发布的2016年中国500最具价值品牌推行榜中企业的地区分布来看，江苏有30个品牌入选，位居第七，占品牌总数的6%。其中，苏宁（1582.68亿元）、春兰（434.83亿元）、徐工（430.81亿元）位居前三强。苏宁品牌更是拥有了世界级的品牌影响力。

江苏省经信委科技与质量处调研员黄道本告诉《中国经济时报》记者，近年来，江苏积极实施质量品牌建设工程，大力加强工业品牌培育，累计培育江苏名牌2426个，“江苏省优质产品生产示范区”43个，中国驰名商标拥有量居全国第三位，全省制造业名牌产品销售额占规模以上工业销售额比重达35%。工信部产业集群区域品牌建设试点总数达到11家，全国质量标杆13个，均居全国首位；工信部品牌培育示范企业达36家，居全国第三位。

“江苏品牌价值和竞争力在市场竞争中有效增长，品牌融入并推动经济发展的作用日益突出。”江苏省工商局商标处科长王连波向《中国经济时报》记者介绍说，截至2016年6月，江苏省有效注册商标共计71万件，受到驰名商标制度保护的商标共计694件，省著名商标共计4272件，马德里国际注册商标共计1800件，地理标志商标共计249件，全省自主品牌企业增加值突破万亿元，品牌发展主要指标均位居全国前列。

与此同时，相较前几年，企业对品牌的认知以及品牌意识有显著提高和增强。

“在以前，一讲品牌建设，很多企业首先想到的是去拿一个省品牌、中国品牌，或者说拿一个驰名商标，在品牌建设过程中停留在追求创品牌的层面。现在已进入品牌建设阶段，很多企业对品牌的认知，总体上强调的是被市场认可，被客户认可。”黄道本说。

二、找差距

“与自己比，江苏在品牌建设方面的成就是巨大的，怎么评价都不过分，但若与全国其他地区，甚至是全球其他地区相比，江苏的品牌建设还存在差距。”时任江苏省政府研究室副主任沈和在接受《中国经济时报》记者采访时说。江苏虽有恒力集团有限公司、江苏沙钢集团有限公司、亨通集团有限公司、徐州工程机械集团有限公司（以下简称徐工集团）这样的制造业强企，但与兄弟省市相比，江苏制造企业整体的品牌竞争力还不算强，特别是像华为、海尔这样在国际上叫得响的大企业还不多。再比如，2016 年，江苏国内有效注册量排在全国前五位，达到七十四万件，却与第一位的广东省（二百万件）相差甚远。

江苏不仅在商标注册总量、驰名商标数量、高端品牌培育上与先进省份相比有一定的差距，在品牌价值和国际影响力方面也与先进省份存在较大差距。

以制造业为例，江苏省制造业名牌产品销售额占规模以上工业销售额比重达 35%，但品牌国际知名度仍显不足，在全国最具价值的品牌榜中，江苏工业品牌占比不高，这与江苏“制造大省”的地位是不相称的。虽然品牌企业的创新投入在逐年增加，但仍低于发达国家和地区水平。

在调研过程中，多数受访者认为，江苏省所拥有的知名品牌数量与其经济总量的地位不相匹配。

在江苏省内，各城市之间在品牌建设经费投入方面也存在较大差异。在《中国经济时报》记者赴苏调研前夕，江苏省发布了 2016 年《江苏省区域商标品牌发展指数报告》，根据品牌政策支持、品牌发展实效等五个方面的三十个二级指标测算，2015 年，江苏省区域商标品牌发展指数排名前三位的为苏州、南京和无锡。

黄道本向《中国经济时报》记者介绍说，江苏省各地在品牌发展专项经费投入方面呈现出市域之间差异较大的特征，如南京市 2015 年市级商标战略实施专项经费为 200 万元，而扬州市该年此项经费仅 10 万元，部分市域甚至还没有这项经费。此外，江苏省 13 个省辖市均设有品牌发展专门领导机构，但各地区领导机构运行情况仍有差异。苏州市、镇江市和淮安市的品牌发展相关领导机构运行较为活跃。

“江苏能在全国甚至全球叫得响的品牌不是特别多，为什么经济强、品牌不强？我们反省后发现，以前在品牌建设方面，政府评品牌比较多，企业要达到政府设定的评价标准，比如质量要好、管理要好、效益要好等，就会主要注重产品的这些方面，但企业按照市场化的思维来建设品牌、培育培训品牌方面的工作比较薄弱。”黄道本说。

不过，在他看来，同之前相比，江苏各市的差距明显缩小，这表明江苏省区域商标品牌发展保持整体良好态势。

三、奔高端

当前，人们迎来了全球一体化和“互联网 +”发展下的崭新时代，企业的竞争已经由产品竞争上升到品牌竞争，由组织的口碑上升到品牌与文化的口碑，如何与时俱进、借风扬帆，成为真正意义上的高端国际化品牌，考验着政府人员和企业家的智慧。

江苏本土品牌不少，但知名品牌不多、国际识别度不高、总体层次偏低，有很大的提升发展空间。这一点，江苏省政府和企业层面相关人士对此都有清醒的认识。

红豆集团品牌文化部部长钱文华向《中国经济时报》记者表示，要培育一大批具有自主创新能力和拥有核心技术的世界性自主品牌，才能在市场经济中拥有话语权、定价权，进而拥有划分市场的主导权，使中国制造真正成为“中国智造”。作为自主创新、自主品牌的代表，红豆集团以创民族品牌为己任，从企业草创的 1957 年，到如今拥有 12 家子公司，红豆集团已成为集科研开发、生产制造、全球贸易于一体的大型民营企业集团。自 2008 年开始，红豆集团抢抓机遇、提前布局，进军电子商务，成为品牌服装企业中“触网”的领先者。从红豆男装到红豆居家再到红豆商城，红豆集团在网络商城、移动终端等方面进行全网布局。红豆集团不断探索“全网商业模式”，近年来，积极抢占移动互联网端口，深耕“互联网 + 品牌”的新路径。

苏酒集团（洋河股份）创立于 1949 年，是中国著名低、中、高端白酒制造企业。多年来，苏酒集团锐意创新，积极打造特色鲜明的品牌文化。

时代变了，品牌最大的卖点是倡导工匠精神的核心理念。苏酒集团董事局主席张雨柏提到，顺势而为才能使企业真正达到目标，用创新的方式与时俱进，与时俱进就是苏酒集团的工匠精神。苏酒集团只做酒和“酒业 +”，关键词就是时代，时代的关键词分解开就是“酒 + 健康”“酒 + 互联网”。

政府层面，江苏也下了大决心，聚焦互联网经济与创新驱动发展，以传播高端化、技术（服务）高端化带动品牌高端化，打造一批如苏宁、徐工、红豆、洋河等价值逾百亿元的高端品牌，力争到 2019 年全省有 3 个品牌入围全球品牌价值 500 强。

2017 年 2 月，江苏省工商局制定并印发了《江苏省商标品牌战略三年推进计划（2017—2019）》，根据该计划，江苏将围绕“两聚一高”目标，突出强化企业、产业和区域品牌建设，力争全省商标品牌发展主要指标位居全国前列，江苏制造、江苏地理标志唱响中国，江苏商标国际化程度快速提升，建成商标品牌强省。

具体目标是，全省驰名商标总量达 780 件以上，省著名商标总量突破 5000 件，马德里商标国际注册总量 2500 件以上，地理标志商标总量 300 件以上，有效注册商标总量 90 万件以上，拥有注册商标企业达 20 万户，自主品牌企业增加值占 GDP 比重达 16%，建成 15 个省级商标战略实施示范县（市、区）和 50 个省级产业集群品牌培育基地。

“播撒商标种子，培育品牌森林。下一步要在推进品牌自主化、高端化、集聚化、国际化、法治化、体系化上下功夫，推动江苏品牌加快向中高端迈进，以品牌升级撬动产业升级，提高供给体系的质量和效率，为江苏省经济发展提供新动力。”沈和说。

（执笔：张娜、王晶晶，刊发于 2017 年 4 月 11 日《中国经济时报》，有微调）

江苏调查（2）· 瓶颈篇

多重压力挑战江苏品牌发展

在 2013 年 1 月召开的江苏省政协十一届一次会议上，一份由二十三名政协委员联名提交的《关于加快实施“品牌江苏”战略的建议》受到了与会者的高度重视。该提案的领衔人便是时任全国品牌社团组织联席会主席、江苏省品牌学会会长徐浩然。

“当时，提案中对江苏品牌发展中存在的不足的判断，现在看来，仍然适用。”徐浩然对进行课题调研的《中国经济时报》记者表示，“知名品牌数量与江苏经济总量的地位极不匹配，这恐怕是最大的问题。”具体来看，江苏真正有影响力并“走出去”的国际性知名大品牌还不够多，尤其是拥有“高技术含量、高附加价值、高文化内涵、高利润率”的自主品牌还比较少。

当前，多重压力挑战江苏品牌发展。

一、企业品牌认知及品牌建设水平参差不齐

苏宁创立于 1990 年，是中国领先的商业企业，2016 年位居中国民营企业 500 强第二名。据世界品牌实验室发布的 2016 年“中国 500 最具价值品牌”榜单，苏宁以 1582.68 亿元的品牌价值位列品牌榜第 13 名，稳居零售业第一位。相较 2015 年 1167.81 亿元的品牌价值，2016 年苏宁品牌价值同比提升约 36%，增长迅猛。在苏宁云商集团股份有限公司法务总监张小飞看来，品

牌是企业发展的生命力，没有品牌，再强的业务、再好的服务，也没有市场，这在互联网时代表现得更为明显，品牌工作，应始终是企业战略发展的核心工作之一。

“一个没有优秀名牌的经济，是一个落后被动的经济。”红豆集团总裁周海江这样诠释品牌。正是基于这样的远见卓识，红豆集团始终将品牌建设放在企业战略首要位置。

但并不是所有的企业都将品牌建设置于企业战略首要位置的高度。在江苏，企业的品牌建设水平参差不齐，品牌意识普遍薄弱，不少企业对品牌的认识普遍存在两种误区。误区一，做品牌就是做知名度，名牌就是品牌，名牌可以通过高额广告费造就，只要不断叫卖就可以形成名牌。误区二，做品牌就是做销量。很多企业在营销时，一味强调销量的提升，认为只要销量上来了，品牌自然会得到提升。

此外，品牌保护意识不够，造成企业资源浪费。采访中，记者了解到，有的老字号商标被侵权、遭抢注。一些老字号品牌企业作为“防守方”，精力和资源有限，常有防不胜防、管不胜管之感。

江苏省是老字号大省，老字号企业数量、品牌影响力、销售规模等均居全国前列。据江苏省商务厅统计，全省有九十二家“中华老字号”、八十四家“江苏老字号”。老字号作为历史经典产业，在品牌、经济、文化方面具有独特价值。《中国经济时报》记者在对南京、无锡、苏州等地的“中华老字号”调研时发现，不少老字号企业发展艰难，正遭遇着互联网时代的生存考验。

时任江苏省政府研究室副主任沈和对《中国经济时报》记者表示，在“中国制造 2025”等战略的引领下，地处“一带一路”交会点上的江苏，仍需要进一步增强本土企业的品牌意识，培育知名品牌。

不过，时任江苏省经信委科技与质量处调研员黄道本在接受《中国经济时报》记者采访时认为，总体上看，“江苏企业的品牌已经从追求产品质量的阶段，逐步地去追求品牌的内涵、品牌的价值表现。”

二、品牌经费投入有待加强

就在《中国经济时报》记者赴江苏省调研的前一个月，江苏省商标战略实施工作领导小组办公室、江苏省工商局、南京理工大学知识产权学院联合发布了《江苏省区域商标品牌发展指数报告（2016）》。该报告显示，江苏省13个设区市均设有品牌发展专门领导机构，但各地区领导机构运行情况有差异。苏州、镇江和淮安的品牌发展机构运行较为活跃，而有些市虽然设置品牌发展专门领导机构，却并不经常开展活动。

时任江苏省工商局商标处科长王连波在接受《中国经济时报》记者采访时表示，虽然，报告中的信息与数据，主要是通过江苏省各级政府网站、主要门户网站，以及部分搜索引擎搜索的结果，难免会有疏漏，但从侧面来说，江苏省内各市对商标品牌相关活动信息的公开和宣传以及提高相关活动的透明度还有待加强。

时任江苏省品牌学会策划总监修铁钢在接受《中国经济时报》记者采访时提到，品牌是一个整体概念，需要方方面面的机构系统地配合，现在似乎还没有真正意义上负责和统筹江苏省整体品牌建设的机构或部门，大多还是各唱各的调，各做各的事。

品牌发展专项经费投入是区域商标品牌发展的重要保障条件之一，给予商标品牌战略实施以充足的专项经费支持，将有助于发挥商标品牌对经济社会发展的贡献力。

采访中，记者了解到，在品牌发展专项经费投入方面，江苏省各市之间差异较大，比如，南京2015年市级商标战略实施专项经费为200万元，而扬州的相应经费只有10万元；南京与苏州2015年市级商标奖励经费分别为1810万元和1090万元，而扬州和泰州的相应费用分别仅有20万元和23万元。部分市域甚至还没有商标战略实施专项经费。

此外，企业对品牌建设与传播的投入力度也存在较大差异。仅一些品牌企业经费投入相对稳定，“我们在品牌建设与传播方面的经费投入主要是根据市场推进情况及需求确定的，未来投入会保持相对稳定。”江苏洋河酒厂股份有限公司相关人士向《中国经济时报》记者表示。

不少受访企业认为，政府对商标品牌战略实施的资金支持力度有待加强，特别是在驰名、著名商标培育、商标国际注册、地理标志商标、品牌培育基地建设等方面，政府应加大财政性资金投入。

三、品牌发展面临四大压力

当前，江苏省在品牌建设与传播方面，既面临着难得的机遇，也面临着严峻的挑战。调研中，记者发现，存在四大压力挑战江苏品牌发展。一是国际品牌竞争越来越激烈，国外知名品牌对国内品牌纷纷采取“吞噬”和“挤压”策略，江苏省品牌相对势单力薄，面临着生存发展的压力。二是各地竞相发展品牌经济的力度越来越大，江苏省在商标注册总量、驰名商标数量、高端品牌培育上与先进省份相比还有一定差距，面临着区域竞争的压力。三是消费者“认牌购物”的意识越来越强，品牌在技术、质量、文化、营销、服务等方面将接受市场和消费者更加严格的检验，面临着提升优化的压力。四是品牌侵权纠纷越来越多，江苏省许多品牌被抢注、被假冒仿冒，面临着加强保护的压力。

调查发现，企业涉及商标的众多讨论中，关于申请驰名商标保护的呼吁最为强烈。不少企业家对此认为，品牌保护是企业发展的重要部分。

1983 年，唐明生白手起家，创办了昆山多威体育用品有限公司。在唐明生的辛勤耕耘下，企业也越做越大。如今，这家开办已有三十四年的民营企业不仅生产专业类运动鞋，还受公安部委托生产警用执勤鞋，不过烦恼也随之而来。“假冒我们品牌的越来越多，但打假的代价太大了，打掉一只鸡要花费一头猪的代价，打掉一头猪要花掉一头牛的代价。”唐明生说，“产品是企业的生命，良心是企业的寿命。”这是唐明生发展企业的理念，他坚持宁可没产品，不可没良心。

调研中，不少企业表示，由于缺乏品牌保护的完善立法，企业在维权的过程中会面临无法可依的局面，这客观上也加大了维权工作的难度。

（执笔：张娜、王晶晶，刊发于 2017 年 4 月 12 日《中国经济时报》，有微调）

江苏调查（3）· 对策篇（上）

政府应推动形成做强“江苏品牌”合力

伴着丝丝小雨,《中国经济时报》记者走进江苏省经济和信息化委员会办公楼层，一张蓝色海报映入眼帘，上面写着“强化品牌宣传，展示品牌形象，促进品牌培育，带动品牌经济”。时任江苏省经信委科技与质量处调研员黄道本对记者说:“你们早两天过来就好了，可以直接参加我们的 2015 年度江苏‘自主工业品牌五十强’宣传活动发布会。你们看到的海报上的标语，就是这个活动的主题。”

采访中，黄道本告诉记者，此次入围五十强的企业均是各自行业的“领头羊”。五十强企业平均资产总额达 120.2 亿元，研发总投入达 139.9 亿元，年品牌投入 50.8 亿元，平均每家主导或参与国家标准制订 8.1 项，共获得授权专利 1.4883 万项。“江苏的品牌代表了江苏经济的形象，如果供给质量不高，中高端购买力外流，影响企业发展后劲的同时也将影响江苏经济持续健康发展。”黄道本说。

经调研，记者了解到，近年来，江苏省积极实施质量品牌建设工程，大力加强工业品牌培育，江苏工业产品品牌竞争力有了很大提升。2016 年江苏省还研究制订了《江苏省省级质量标杆培育交流活动方案》，遴选出十项质量品牌管理经验为省级质量标杆。

“注重传统特色品牌、做强现有知名品牌、培育自主创新品牌”是《中国经济时报》记者在江苏调研期间，对江苏省品牌战略的整体印象，更重要的是，江苏各级政府在推动做强自主品牌方面频频发力。

一、政策先行引导江苏品牌加快向中高端迈进

为进一步提升江苏品牌的影响力和竞争力，大力发展品牌经济，充分发挥商标品牌在建设“强富美高”新江苏中的贡献力，2017 年 2 月，江苏省工商行政管理局在印发《江苏省商标品牌战略三年推进计划（2017—2019）》的通知中指出，要重点在推进品牌自主化、高端化、集聚化、国际化、法治化、体系化上下功夫，推动江苏品牌加快向中高端迈进，以品牌升级撬动产业升级，提高供给体系的质量和效率，为江苏省经济发展提供新动力。

早在 2010 年，江苏省人民政府文件（苏政发〔2010〕115 号）就提出，要深入实施商标战略，在大力推进产业品牌建设、分类指导区域品牌发展、加紧培育特色经济品牌、打造国际知名品牌等方面都部署了重点任务。

2016 年 5 月 30 日，国务院办公厅印发《关于开展消费品工业“三品”专项行动营造良好市场环境的若干意见》，提出要提高品牌竞争力、培育知名品牌、完善品牌服务体系、推进品牌国际化。2016 年 6 月 20 日，国务院办公厅印发的《关于发挥品牌引领作用推动供需结构升级的意见》指出，品牌是企业乃至国家竞争力的综合体现，代表着供给结构和需求结构的升级方向。

就在《中国经济时报》记者赴江苏进行“品牌建设与传播调研”前夕，江苏省商标战略实施工作领导小组办公室、江苏省工商行政管理局联合南京理工大学知识产权学院发布了《江苏省区域商标品牌发展指数报告（2016）》。

江苏省工商局商标处科长王连波告诉《中国经济时报》记者，编制和发布该指数报告恰恰契合了《关于发挥品牌引领作用推动供需结构升级的意见》在“品牌基础建设工程”中提出的“开展品牌基础理论、价值评价、发展指数等研究，提高品牌研究水平，发布客观公正的品牌价值评价结果以及品牌发展指数”的要求。

记者翻阅这份 2016 年版、长达 114 页的指数报告发现，其构建了品牌政策支持、品牌发展实效、品牌保护力度、社会协同效应以及品牌发展潜力 5

个一级指标和30个二级指标的评价体系。与2015年的指数报告相比，2016年的指数报告进一步扩大了实证调研指标项的研究基数，拓宽了各指标项数值来源采集面，特别是针对江苏省外向型经济特点，新增“马德里体系商标注册情况”并将此作为核心指标，使二级指标中的核心指标数由原来的7个增至8个。

“围绕创新驱动战略和供给侧结构性改革，全面深化商标品牌战略建设，聚力创新，不断提高品牌发展主要指标在全国的位次，以自主创新打造自主品牌，以品牌升级撬动产业升级，以产业特色打造区域品牌，主要目的就是为建设‘强、富、美、高’新江苏提供强大支撑。”江苏省政府研究室副主任沈和在接受《中国经济时报》记者采访时如是说。

二、政府推动形成品牌建设与传播合力

“当前应高质量地推进江苏省品牌建设。”沈和认为，“从政府的角度，主要是加强品牌的机制建设，各级政府和政府部门，要提高对品牌战略的认识，来构建科学合理、运行高效的商标注册，对于品牌运营的管理机制，做到权责一致、协同配合，形成品牌全保护机制和方便快捷、功能完备的社会品牌服务机制，在全省形成政府主导、工商部门牵头、相关部门配合、企业积极实施、社会共同参与的品牌发展新格局。”

“要创新服务方式，探索‘大社会小政府’，在品牌建设上要发挥第三方社会组织机构的作用，例如，加强商标专业协会建设，充分发挥其自我教育、自我管理、自我服务的作用，按照市场经济规律为企业做好服务。”江苏省经信委科技与质量处调研员黄道本介绍，除了发挥第三方组织机构作用，江苏省经信委还组织企业开展品牌培训示范工程，全方位推动试点，培训企业进行现代品牌管理。

采访中，记者了解到，江苏省品牌学会是全国较早成立的以学术研究为主的地方品牌学会，江苏省品牌学会策划总监修铁钢教授在接受记者采访时表示，政府应该有专门的品牌管理机构，该机构可以管理涉及所有行业的品

牌。另外，应完善人才储备机制的培养机制，建议相关部门成立品牌研究院，特别是对企业里首席品牌官和其他品牌人员进行培训，把品牌建设和传播纳入常规化管理。

沈和表示，加强行业协会以及第三方社会机构组织的发展，应充分发挥商标、广告、信用管理的专业协会和社会中介服务机构的作用，为企业提供法律咨询、信息沟通、商标策划、品牌运营等方面的咨询服务，引导企业，特别是著名商标企业，把企业产品开发、专利与标准化紧密结合起来。

红豆集团董事、品牌文化部部长钱文华对记者表示，推动国家品牌战略应大力扶持自主品牌，尤其是民族品牌，特别是加大扶持一直坚守在一线的实体企业。“我国不缺少制度和相关理论，关键是要政策下沉并真正贯彻落实。”

南京航空航天大学品牌研究所所长王子龙在接受记者采访时表示，政府在为品牌建设创造良好的政策环境上要注意以下三点：一要通过围绕品牌影响因素，打牢品牌发展基础，为发挥品牌引领作用创造条件；二要以增品种、提品质、创品牌为主要内容，推动供给结构升级；三要发挥品牌影响力，采取可行性措施，扩大自主品牌产品消费，适应引领消费结构升级，以此推动江苏省制造业转型升级。

“政府应如何从各个方面来助推企业商标发展和品牌的形成非常重要。”王连波说，政府要给予企业导向、政策和扶持。在此方面，江苏省成立了省商标战略实施工作领导小组，统筹协调全省商标战略实施工作，研究制定全省商标战略实施规划和政策措施，并在江苏省工商局设立领导小组办公室，负责全省商标战略的组织实施、联络协调、督查指导、绩效考核等工作。

不可忽视的是，品牌建设还应做好强化督查考核。对此，王连波认为，应建立商标战略实施的统计考核体系，强化目标任务的分解落实，将商标申请数、注册数，商标国际注册数，地理标志申请数、注册数，驰名、著名商标认定数，驰名、著名商标企业对地方经济发展的贡献度，品牌培育基地发展等指标列入考核内容，并定期督查商标战略实施重点工作完成情况。

“尤其要注意的是，加强对中小企业品牌建设的培育，不能等到企业发展壮大之后，再让很多资源趋向它。更多的中小企业在发展之初、萌芽之初或创业之初，非常需要体系和平台的帮助。”王连波表示。

王连波认为，还应进一步从财政、税收以及商标的运用、商标质押贷款、转让许可等方面鼓励企业创建自主品牌。同时，完善企业自我保护、行政保护和司法保护有机结合的商标保护体系；完善企业商标管理制度，制定企业商标管理工作规范。总之，品牌建设要形成合力，需要社会各界人士添砖加瓦。

政府要加大品牌的宣传引导力度，沈和认为，品牌发展要靠传播、要靠宣传，实际上要靠广告，品牌离不开正确的舆论引导，政府部门要引导和帮助企业增强创品牌意识，改进广告宣传。

此外，要把品牌建设作为创新型经济的一个重要内涵来推动。沈和说，江苏省经济转型的核心目标就是发展创新型经济，要加快建设产业高地、创新高地和人才高地，这三个高地要以自主创新为动力，以自主品牌为依托，加快从低附加值向高附加值转变，从价格竞争优势向技术竞争优势转变，从成本竞争优势向品牌竞争优势转变，这样才能实现创新。

（执笔：王晶晶、张娜，刊发于2017年4月13日《中国经济时报》，有微调）

江苏调查（4）· 对策篇（下）

与时俱进以“工匠精神”建设企业品牌

要使江苏品牌迈向中高端，跻身国际先进水平，除了发挥政府职能部门引导、推动等作用，营造有利于品牌做大做强的政策环境和市场环境之外，企业等在促进和提升品牌建设质量、品牌竞争力及影响力方面也应与时俱进，聚力创新，不懈努力。《中国经济时报》记者在江苏南京、无锡、苏州三地进行了走访调研。

一、好的顶层设计对企业品牌建设至关重要

江苏省政府研究室副主任沈和在接受《中国经济时报》记者采访时表示，发挥政府在致力于创造有利于品牌塑造、品牌保护的良好环境的作用的同时，作为品牌建设主体的企业，也应有好的顶层设计，要结合企业发展战略，制订品牌发展规划。

“企业要把品牌作为企业形象的一个载体和文化传承，尤其在品牌战略上要保持一致性和持续性，在品牌认知上要强调市场和客户的认同。”江苏省经信委科技与质量处调研员黄道本对记者表示。

企业在品牌战略发展上应从何处着力？南京航空航天大学品牌研究所所长王子龙在接受记者采访时说，首先，企业在品牌战略的选择上，要适应经济发展新常态，提升产品质量和效益，提高品牌溢价能力与忠诚度。其次，

品牌与企业利润、企业市场环境、企业内外资源息息相关，因此，企业在进行战略部署的时候，一定要将品牌融入战略中。最后，在品牌传播路径上，随着品牌传播方式的多元化，企业应与消费者建立良好的互动关系，提高其对品牌的参与感。

王子龙认为，企业在品牌延展规划上，应建立合理的品牌架构，正确审视品牌的核心价值及定位，加强品牌管理，与企业长远规划相一致。针对江苏省的企业，他认为甚至可以融入江苏地域文化特征来增强品牌的个性，提高品牌的综合竞争力。

二、提升品牌竞争力关键要从技术和文化内涵上下功夫

维维集团从一颗大豆起家，将一颗普通的大豆打造成了 82 亿元的品牌价值，也正是在品牌力量的推动下，维维集团充分利用技术、资本和管理的优势，迅速在全国进行行业整合和扩张，创建了中国食品工业的民族品牌。维维豆奶创始人崔桂亮在谈及品牌建设时表示，“感恩社会，感恩民众，善行天下”是维维集团的品牌文化，也是维维集团的品牌之魂。

品牌建设不是一朝一夕之事，企业要牢固确立品质第一的思想，对标国际前沿，不以规模速度论成败，不以短期经济效益为追求，用一颗匠心精心培育制造品牌。

江苏省工商局商标处科长王连波向记者表示，加强品牌建设，对企业、政府都有不同的要求。就企业而言，一要注重品牌建设，二要注重商标的选择、运用以及保护，且商标不会因产品的转型而变化。

《中国经济时报》记者在无锡采访红豆集团时了解到，红豆集团在这方面的做法是，在培育品牌产品的基础上，打造红豆“大品牌”，其涉及的商业板块，所有的发展都是围绕“红豆”二字，例如，红豆杉、红豆男装、红豆居家、红豆家纺、红豆童装等，始终保持红豆品牌标识度或认知度的统一性。

红豆集团董事、品牌文化部部长钱文华在接受记者采访时表示，企业品牌要做大做强，就要不断关注市场，明晰消费群体及其需求，做好研发和产

品定位，及时注册商标，画好品牌地图，然后讲好品牌故事，做好品牌传播，维护品牌形象。

“打造品牌最关键的，一个是技术，一个是文化。”钱文华说，在技术层面要通过自主创新做好产品的迭代或创新，创新不仅是喊口号，要做好人才、平台、投入三方面工作；在文化层面则要不断提升品牌内涵。

钱文华认为，在互联网时代，品牌建设要处理好变与不变的关系，变得迎合趋势，在方法、技术上变化；不变的是企业的文化、精神、价值观、使命和愿景。

作为一家以信息化为特征、以现代服务业为基础的大型民营企业，三胞集团历经二十余年的发展，旗下主要品牌有近 30 个，各类子品牌约 300 件。三胞集团执行副总裁花贵侃对多元化企业在品牌培育方面有着自己的思考，花贵侃表示，企业须重点做好三个方面的工作：一是抓好重大品牌杠杆事件，制造“风口”，借势宣传；二是业务“走出去”与文化“走出去”相结合，推动品牌“走出去”；三是加强品牌的知识产权保护。

江苏银环控股集团在品牌建设方面的做法是在供给端创新方面发力，实现与全球产业巨头同步领跑，为中国装备制造企业参与国际竞争、打响民族品牌提供有益借鉴。该集团相关人员介绍，要把自主创新能力转化为企业核心竞争力，着力提高产品供给质量。供给创新的“利器”重在发挥产业创新联盟的协同优势，围绕产业技术创新链开展集成创新，真正在产业技术进步上取得突破性进展。

三、产学研结合加强品牌人才培养

发展自主品牌与推进自主创新离不开人才。在人才培养上，江苏银环控股集团在注重创新机制用好人才方面，本着“不求为我所有，但求为我所用”的原则，开展柔性智力引进。例如，该集团采用“星期天工程师”等方式，引进高端学者专家，其引才力度在全省乃至全国同类企业中位居前列。

王连波表示，企业除了引进高端人才，还要做好六个强化：一是强化对领导干部的培训，提高其组织实施商标战略的能力；二是强化对企业家的培训，提高企业经营商标的能力；三是强化对企业商标管理人员的培训，提高其商标培育和运用能力；四是强化对商标中介服务人员的培训，提高其处理商标事务的能力；五是强化对商标执法人员的培训，提高其依法行政的能力；六是强化理论研究和国际交流，提高商标战略实施的决策服务能力。

江苏省品牌学会策划总监修铁钢教授在接受记者采访时建议，企业要有人才储备的培养机制，建议成立品牌研究院，特别是对企业首席品牌官和其他品牌人员进行培训，把品牌建设和传播纳入常规化管理。此外，他还认为，做好品牌建设离不开专业的第三方服务机构，在促进品牌建设方面，第三方服务机构要不断整合资源、建立平台、开展活动，并做好与品牌相关的提案建议工作，更好地服务企业。

对此，王连波也持类似观点，他认为，培育品牌离不开产学研的有机结合，尤其要挖掘高校的研发潜力，让产学研真正对接。

王连波建议，加快完善以企业为主体、以市场为导向、产学研相结合的技术创新体系，以技术优势抢占产业制高点，以创新成果产业化抢占市场份额，把发展自主品牌与推进自主创新紧密结合起来，促进江苏省由“资源依赖”向“科技驱动”转变，“江苏制造”向“江苏创造”转变。

四、紧扣时代脉搏进行多元化传播

徐工集团自 1989 年成立至今，始终保持中国工程机械行业排头兵的地位，是行业首个“中国驰名商标”。据世界品牌实验室发布的“2016 年中国 500 最具价值品牌”，徐工集团的品牌徐工（430.81 亿元）位居江苏入选的三十个品牌的前三强。

在日益认识到以创新方式提升徐工国际品牌传播影响重要性的同时，徐工集团实施了系统策划与专题联动模式的创新传播、海外传播联动模式、整合策划与协同传播方式的创新突破。据徐工集团董事长王民介绍，以“打造高端、世界级品牌”为发展目标，以“品质、创新、价值、责任”为品牌核心价值，徐工集团不断优化完善品牌架构和管理体系，系统制订品牌发展规划，展开品牌培育与整合传播。尤其在全媒体传播趋势下，徐工集团确立了“主攻传统高端平台，布局新媒体多元化平台”的传播渠道策略，实现传统与新兴媒体传播多元化的创新突破。

《中国经济时报》记者了解到，在白酒行业独树一帜的江苏洋河在加强品牌传播方面始终坚持“与大事同在”的品牌宣传模式，以高端事件为传播载体，创新探索借势传播方式，实施阶段性热点集中性爆发传播策略，将品牌知名度和影响力不断推向新的高度。

与此同时，时任江苏洋河酒厂股份有限公司市场总监朱昭鑫在谈到企业品牌建设与传播战略时提到，一方面，企业通过对市场进行细分，采取多品牌运作战略，满足不同类型的市场需求；另一方面，企业采取差异化的品牌传播战略，塑造差异化品牌个性。

据朱昭鑫介绍，在塑造品牌个性上，洋河紧扣时代脉搏，从精神层面寻找与现代生活的结合点，率先打造出全新的品牌形象体系，给消费者带来了全新的品牌体验，彰显品牌个性，让品牌内涵、文化主张与消费者人性诉求有机融合，实现产品差异化，形成独具特色的“蓝色”品牌文化。此外，在品牌的维护上，洋河还建立舆情监控报告体系，一是内部建立广宣外联办公室，二是外部引入舆情监测公司。在遇到品牌危机时，企业会采取“危机分级处理机制”。

（执笔：王晶晶、张娜，刊发于 2017 年 4 月 14 日《中国经济时报》，有微调）

山东调查（1）· 现状篇

实施品牌战略提升“山东制造”国际竞争力

“人人那个都说哎，沂蒙山好，沂蒙那个山上哎，好风光……”一首《沂蒙山小调》，唱红了革命老区沂蒙。作为革命圣地，沂蒙山区迄今还留存着孟良崮战役遗址等革命战争遗迹。

如今，地处沂蒙山腹地的山东省蒙阴县，通过“红”“绿”融合、“景”“村”共建、品牌拉动、产业联动的理念进行品牌创建，以孟良崮战役红色教育为核心的红色教育旅游景区被质检总局正式批准命名为“全国沂蒙红色教育旅游知名品牌创建示范区”，为我国红色教育示范区树立了第一个标杆。

积极发展品牌建设，山东省走在了全国的前列。多年来，山东省委、省政府一直把质量强省和名牌战略，作为转方式、调结构的战略举措来抓，涌现出一批以海尔、海信集团有限公司、潍柴动力股份有限公司、浪潮集团有限公司、中国重型汽车集团有限公司、青岛啤酒股份有限公司等为代表的品牌企业。

品牌建设已经成为山东经济增长的重要引擎。品牌建设提升了山东形象，“好客山东”品牌价值达到 170 亿元，“好品山东”“厚道鲁商”“食安山东”等公共品牌知名度不断提升。

一、品质是品牌建设的根基

品牌建设的基础是质量的积淀，不断提升高品质才能创下好的品牌，山东省政府和企业家都深深懂得这一点。

通过提升质量水平实施品牌战略，山东省推出了一大批品牌价值高、市场竞争力强、能代表该省制造业水平的企业和产品；树立了阳光大姐家政服务、青岛港装卸服务、昌邑环卫服务等一批服务业品牌单位，培育了山东圣丰种业、银香伟业等一批农业龙头骨干品牌企业。

"企业发展要发扬工匠精神，把质量放在第一位。说到这一点，我们不能不提到张瑞敏先生当年用大锤砸碎不合格冰箱的故事。三十多年了，这个故事依然没有过时。我们每个企业都要有这种精神。精心打磨，十年磨一剑，做细做精每一道工序、每一件产品，踏踏实实把产品和服务做好。"在2016年6月16日的山东省品牌建设大会上，时任山东省委副书记、省长郭树清在讲话中重点强调了精益求精的工匠精神，现场参会的1200多家企业代表反响热烈。

品牌战略在提升"山东制造"竞争力、促进产业结构调整，在实现由"山东制造"向"山东创造""山东设计""山东标准"的转变中发挥了重要带动作用。

张裕葡萄酒股份有限公司总经理周洪江告诉《中国经济时报》记者，在其百余年发展历程中，公司始终秉承"质量是根、品牌是印、市场是魂"的发展理念，以制造出消费者信赖的产品为目标。质量是根，必须狠抓质量。确定每月九日为公司"质量日"，总结公司上个月存在的质量问题，并进行整改，借此公司上下形成了人人关心，实时通报，有错必改的质量氛围。

海信集团副总裁林澜告诉《中国经济时报》记者，关于如何做好品牌这一问题，她总结四条经验：一是做品牌要有决心，品牌建设是一项非常艰难长期的过程，绝对不是一蹴而就的；二是要有好的产品，过硬的产品比基石还硬，才能经得起推敲；三是一定要有人才；四是要有渠道。林澜表示，若是将决心、产品、人才和渠道贯穿起来运作一个品牌，那么早晚都会成功，早晚都会有回报。

时任东阿阿胶董事长秦玉峰告诉《中国经济时报》记者："品质是品牌的根本，品质的根本是质量，而质量是我们的最高道德。从原材料和全产业链抓起，采取'全过程可以追溯'的物联网模式，用DNA（脱氧核糖核酸）减轻和全产业链质量控制手段，来养一头'闭环的驴'，这就是全产业质量管控模式，追溯一头毛驴从出生到转化为阿胶的全过程。"

坚持的背后是付出，付出的结果是成就！山东省入选世界品牌500强2个，中国质量奖1个，省长质量奖企业40个，全国质量强市示范城市1个，国家级工业质量品牌培育示范企业18个，国家级质量标杆13个，国家商标战略示范城市3个，中国驰名商标666件。

二、依靠自主品牌走出去

烟台市苹果协会会长姜中武在接受《中国经济时报》记者采访时说，自2002年，烟台市苹果协会成立之日起，申报烟台苹果地理标志证明商标，加强品牌保护就成为协会的首要任务。姜中武表示，经过多达10余次的连续申报，反复评审，直到2008年3月份，国家工商行政管理总局（2018年3月已撤销）才最终批准"烟台苹果"为地理标志性商标，并且颁发《商标注册证》，从此，"烟台苹果"获得依法保护，有了自己合法的"身份证"。

提起"品牌走出去"这个话题，姜中武有诸多感慨，"我永远忘不了那一天，2015年11月11日，烟台海阳津成泰农产品发展有限公司的21吨烟台苹果，从山东黄岛起航到美国纽约港，这是烟台苹果百年来首次出口到美国。"

这是十七年来不懈努力的结果。为了使得烟台苹果打入美国市场，烟台市苹果协会通过多方面渠道，了解美国的苹果生产标准以及进口标准，广泛发动协会会员单位，按照苹果进口标准进行种植管理和质量分级，组织当地企业先后10多次到访美国，并且接受美国派出的检查组实地检查。

"我们开拓国际市场，首次出口美国，我作为烟台苹果协会的一员感到骄傲。长期以来，美国始终以中国苹果难以保证质量安全、病虫害防疫体系不健全等苛刻的技术性贸易措施拒绝中国苹果进入，可那天我们打破了这个惯例，我为作为一名中国人感到自豪。”姜中武说。

三、筑牢智力高地作支撑

威高集团有限公司（以下简称威高）董事长陈学利给《中国经济时报》记者讲了一个小故事：2002 年，他到美国出差参与一个项目，午饭后听说要做一个心脏支架手术，五年以后才能取出来，他就想看看如何做手术。然而，让他感到惊讶的是，手术在很普通的诊所完成，整个过程用了不到两个小时。这个事情对他触动很大，因为他知道，在国内一个支架的价格就高达 5000 美元。“回来后，我们决定研发心脏支架产品，我们到几个国家寻找专家和技术，2003 年，我们引进一名心脏支架专家；2005 年产品上市，目前价格不到 1 万元。研究出这些产品后，我们为患者解决了很多问题。在全国建设了一批肾透析中心，全部使用威高自主研发的产品，患者每次可以节约 1/3 以上费用。”陈学利说。

陈学利告诉《中国经济时报》记者，威高特别重视人才，因为要打造高端品牌，必须要靠人才，更要靠专家。2000 年以前，威高几乎没有高端产品，产品结构也不合理，品牌知名度不高，原因就是缺乏专家。“我们招聘目前业内最高水平的人才，现在威高集团有 100 多位院士做顾问，其中，有 12 名院士做经常性顾问。我们通过不同的措施和办法去引进很多人才。”

四、品牌建设培育经济发展新动能

近年来，山东省结合该省实际，注重挖掘产业优势，打造全国区域标杆，形成以技术、品牌、质量和服务为核心的竞争新优势，进一步推动了山东区域品牌建设。成效日益凸显，使知名品牌示范区创建成为推进区域带动战略和促进区域经济发展的重要抓手。

截至 2015 年年底，山东省共组织了覆盖农业、制造业、服务业的 20

个园区申报创建，国家批准筹建11个园区，批准命名6个园区。青岛城阳区“全国高速列车研发制造产业知名品牌创建示范区”、烟台蓬莱旅游度假区“全国海滨度假旅游产业知名品牌创建示范区”和临沂临沭县“全国复混（合）肥产业知名品牌创建示范区”等园区建设成效明显。至此，区域品牌与产品、企业品牌形成多层次品牌发展结构，品牌带动效应日益增强。

这也是山东省质监局紧紧围绕省委、省政府要求，特别是按照“要深入实施质量强省及名牌战略，加强企业标准、计量和质量管理，实现由‘山东制造’向‘山东创造’‘山东设计’‘山东标准’转变”的要求，积极采取有效措施，推进名牌带动战略实施的硕果。

目前，山东省正以实施质量强省和品牌战略、标准化战略为重点任务，充分发挥质监部门计量、标准、认证、检测、质量、品牌建设的技术优势、服务优势和综合职能，在全省开展质量品牌提升工程，通过标准引领、质量提升、品牌带动、信誉保证等工作措施，促进质量提升，引领品牌消费，实现“供需相匹配”的新经济结构，增加高质量、高水平有效供给，打造质量品牌发展新优势，塑造山东质量品牌综合形象，全面推动山东迈入质量品牌时代。

（执笔：马会、王静宇、罗赟鹏，刊发于2017年4月17日《中国经济时报》，有微调）

山东调查（2）· 瓶颈篇

打赢一场山东品牌建设攻坚战

2016 年和 2017 年，山东省政府工作报告连续两年明确提出“要深入实施质量强省和品牌战略”。在 2017 年的山东省政府工作报告中，品牌战略再次被强调：加强全面质量管理；加快“山东标准”建设，扩大“好品山东”区域品牌影响力。鼓励企业发扬工匠精神，增强研发设计能力，创建自主品牌，加快培育一批国际知名自主品牌。

敢于直面问题，不逃避问题。正是由于能及时抓住在品牌上的短板，2016 年，山东在全国“史无前例”地召开了备受各界关注的品牌大会，并掀起了全省各行业品牌创建的高潮。

一、国内外知名品牌整体偏少

近年来，山东在农业、制造业、服务业等领域培育了一批标杆企业，形成了一批知名品牌。但是，山东在国内外市场上具有显著影响力和竞争力的知名品牌屈指可数。

事实上，山东的不少产品已经达到国外同类产品水平。但是，有的产品，以自己的影响卖不出去，贴上别的牌子，就能够畅销国内外，价格也会提升。其中一个原因，可能是企业缺乏有影响力的自主品牌。

时任山东省省长郭树清曾经在山东省品牌建设大会上表示：“创立自主品

牌是一个包括很多环节的系统工程。”“首先，要发扬工匠精神，把质量放在第一位。品牌建设也与企业和产品在产业链上的位置有关。”

山东省和其他发达省份一个明显的差距是，卖出去的比买进来的少。2015年，山东省在阿里巴巴平台上有效买进1747亿元，有效卖出1062亿元，逆差为685亿元。其中一个原因可能是，当前产品结构总体处于价值链的中低端。

实际上，山东省有很多不错的制造业产品，例如和谐号动车组、浪潮服务器、潍柴动力设备、济南二机床汽车生产线等。更有一批享誉全球的消费品，青岛啤酒、张裕葡萄酒股份有限公司、东阿阿胶、景芝酒业、宏济堂制药集团、兰陵美酒股份有限公司、玉堂酱园、国井集团八个百年品牌企业参加了意大利米兰世博会。

山东省人大常委会原副主任夏耕曾经在山东省品牌建设大会上指出，山东省品牌建设依然是短板和薄弱环节，突出的是国内外知名品牌少，品牌核心竞争力不强。

世界品牌实验室发布的“2015年中国最具价值品牌500强”中，山东省入选品牌42个，只有北京市、广东省的一半左右，品牌附加值低成为山东省企业的一个软肋。多数品牌企业集中在传统制造业，新兴产业和服务业品牌凤毛麟角。

此外，山东省企业品牌意识相对薄弱，品牌培育机制、品牌竞争的市场环境、品牌宣传推介、政策支持力度与其他发达省份有较大差距。与一些发达省份比较，由于缺乏高端品牌，同样的产品卖不出好价格，同样的产业规模实现的利润、税收差了不少。

夏耕强调，山东省产业转型、提质增效，必须在过去品牌建设的基础上，进一步加大力度，这也是省政府下决心大力推动品牌建设的直接原因。要大力强化品牌战略意识，打一场品牌建设攻坚战。

二、2017年内启动百年品牌企业培育工程

仔细梳理山东省在品牌建设中存在的问题，发现其大致可以归为两类。

一是国内外知名品牌少，品牌核心竞争力不强。山东省品牌知名度低，影响力小。国际权威机构发布的“世界品牌500强”排行榜中，中国入选企业由2010年的17个增至2015年的31个，增长82.4%，山东省品牌始终只有海尔和青岛啤酒。世界品牌实验室发布的“2016年中国最具价值品牌500强”，山东入选品牌42个，仅为北京市的43.8%，广东省的53.2%。

二是品牌分布不均衡，后发优势不明显。根据国际品牌机构发布的“2015年中国最具价值品牌500强”品牌行业分布，山东省品牌主要集中在家电、机械、食品、化工、纺织等传统制造业，在通信、医药等新兴产业优势不明显。

此外，山东省无金融、旅游、餐饮、酒店、物流等服务业品牌上榜，与其他发达省份存在较大差距。山东省虽然是农业、建筑业大省，但是从统计结果来看，品牌实力较弱，大而不强。

在前不久举行的“山东省工业品牌建设座谈会”上，山东省经信委主任钱焕涛表示：山东缺少国际知名的百年品牌企业。

截至发稿前，该省具有百年历史的品牌企业只有25家，具有一定国内外知名程度的只有青啤、张裕、东阿阿胶等几个品牌。在钱焕涛看来，一个企业做到经久不衰，除了拥有关键技术、核心技术的专利，最重要的就是拥有国际知名的品牌。

“山东省工业已经具备了由制造优势向品牌优势、产品经济向品牌经济提升的深厚基础，迫在眉睫的是，培养和打造一批具有市场美誉度的知名品牌，让全国、全世界更深入地了解山东省，将山东省的规模优势、人才优势、技术优势、质量优势转化为价值优势和效益优势。”钱焕涛说。

“十三五”期间，山东省积极实施企业家队伍建设“111”工程：培养造就100名以上擅长国际化经营管理、具有一定国际市场影响力的企业家；1000名以上经营业绩突出的知名企业家；10000名以上富有创新精神和工匠

精神，在省内具有一定行业或区域影响力的企业家。

钱焕涛表示，下一步山东省将发挥现有百年品牌示范作用，选择一批具有一定规模、创新能力强、品牌价值高的企业进行重点培育。其间将推动企业加快品牌国际化战略，全面实施国际认证，并引导企业围绕“一带一路”倡议扩大海外知识产权布局，推进国际并购。

三、立足提质增效加快转型升级

山东省立足提质增效、转型升级，分析各行业、各产业基础特点，针对品牌建设的突出问题和要害，坚持可操作、可落地，提出了推进全产业品牌创建的思路措施。

做优农产品品牌，增加优质农产品供给。山东省农业优势明显，但也面临着有口碑无品牌、附加值低、产业链短等问题。农产品品牌是山东省品牌建设的重要着力点，也是品牌发展潜力的富集地。

提起转型升级，时任张裕葡萄酒股份有限公司总经理周洪江深有感触。他表示，金杯、银杯不如消费者的口碑，创新供给侧产品结构，必须更好地满足消费者多元化需求。一是为了满足国内消费者对于健康、时尚消费需求，改变过去单一的以葡萄酒为主的产品结构；二是改变过去以高端葡萄酒为主的结构，推动中低端葡萄酒的发展。

鲁花集团执行总裁宫旭洲在接受《中国经济时报》记者采访时提到：提升品质靠的是什么？靠的就是创新，鲁花集团历经 6 年时间，终于在 1992 年攻克了所有技术难关，研制出了“5S 纯物理压榨工艺”这一历史性工艺，实现了花生油从传统的土榨法向规模化、现代化生产工艺的创新和变革，引起社会关注。

卖什么吆喝什么，吆喝的背后其实是更多的思考。山东喜旺集团充分挖掘了中国传统的民间独特配方，利用二十多种中草药调制出陈香老汤，用其煨制而成的食品口味独特。同时，喜旺食品结合欧美发达国家先进的低温加工技术均衡肉制品营养，使之更符合现代人的健康饮食标准。味美、营养、新鲜、卫生是喜旺食品的四大特色。

喜旺集团负责人告诉《中国经济时报》记者，该企业建立了“从农田到餐桌”的全程质量监控体系，从源头抓起，在生猪养殖上解决兽药残留问题，引进了美国的高效液相色谱仪和芬兰酶标仪等达到国际标准的一流实验设备和检测设备，“加工—运输—销售”三个过程实现“冷链”控制。

正是基于公司在肉类行业的先进管理经验，喜旺集团多次被国家有关部门委以为国家制订修订行业法规标准的工作。自2004年以来，喜旺集团先后参与起草、编写《新鲜肉卫生操作规程》等五个行业标准，为促进行业的技术进步，提高肉类产品质量，保护消费者身体健康，发挥了行业领头羊的作用。

山东省政府2015年出台了《关于加快推进农产品品牌建设的意见》，打造山东农产品整体品牌形象，培育区域公用品牌和企业产品品牌，建立山东农产品品牌目录，构建实体店与网店相结合的品牌农产品营销体系等。

但是，许多企业农产品加工还停留在初级、中级加工阶段，真正进入精深加工和高附加值阶段、在市场上具有影响力、消费者持久信赖的品牌还不是很多。要发挥龙头企业、农民合作社、家庭农场等的作用，培育更多的农业品牌创建主体。引导它们整合资源，申报驰名商标、名牌产品、地理标志，深度开发特色农产品。

（执笔：王静宇、马会、罗赟鹏，刊发于2017年4月18日《中国经济时报》，有微调）

山东调查（3）· 对策篇

善用政策为山东品牌发展提供“智力”支撑

早在2013年，山东省就提出了“加快标准化工作由基础性向引领性，由单一性向公共性、可推广性，由产业技术领域向社会管理公共服务领域转变”的三个转变。把打造符合山东实际、突出山东特色、体现山东水平、引领山东发展的品牌标准作为新时期实施标准化战略的重点任务，在全国率先提出“山东标准”这一区域标准化理念。

山东省政府出台的《关于推进“山东标准”建设的意见》提出到2020年，政府治理、社会管理、公共服务、环境保护、节能减排、传统产业优化升级和现代农业与农村综合改革等29个领域，共1500项标准建设任务，实现从抓标准工作到推动“山东标准”建设的战略转变，用“山东标准”国际化带动山东产品、技术、装备、服务走出去。

之后发布的《关于贯彻国办发〔2015〕16号文件加强节能标准化工作的实施意见》指出，到2020年，山东全省主要高耗能行业实现节能标准全覆盖，90%以上的能效、能耗限额达到国内国际先进水平。截至发稿前，该省已制定能覆盖18个行业的能耗限额标准42项，其中有26项填补了国内空白。

一、用“山东标准”引领产业发展升级

为满足经济社会发展中日益增长的标准化需求，山东省不断完善标准化体系，深入推进“山东标准”建设工作。

2016 年 6 月上旬，山东省质监局发文全面部署“山东标准”建设行动计划，以充分发挥“标准化 +”效应，实现“十三五”山东标准建设良好开局。按照计划，山东省将实施标准化“万千百 +”项目提升工程，即“万项企业标准”自我声明公开工程、“千项地方标准”管理提升工程、“百项先进标准”引领工程、管理提升工程、“十项国际标准”示范工程等，以提升“山东标准”建设水平。

同时，山东省积极开展“标准化 +”战略行动。通过培育一批国家标准、建设一批国际国家标准化技术组、积极对接国家重点区域发展战略等，逐步提升标准建设水平。

山东省发布地方标准 2989 项，标准化不断从生产领域向贸易、服务领域延伸，从经济层面向社会治理、文化建设、生态文明建设以及政府管理层面拓展。截至发稿前，全省共主导和参与制定 ISO（国际标准化组织）和 IEC（国际电工委员会）国际标准 64 项、国家标准和行业标准 9935 项（总数居全国第三位）；承担国际和国家级标准化技术组织 51 个；建设国家和省级标准化试点示范项目 644 个（总数居全国第一位）。

为强化标准实施和监督，山东省质监局加大标准宣贯培训，建立实施新闻发布和重要标准发布两项常态化机制，加强强制性标准和重要推荐性标准实施情况的监督检查，探索建立标准实施情况统计分析报告制度，开展标准实施效果评价，充分调动社会力量，加强对标准实施情况的社会监督和信用约束。

随着企业产品标准备案和登记制度的取消，山东在全国率先修订了标准化管理地方性法规，全面推行企业产品标准自我声明公开，启动了团体标准试点工作等一系列标准化工作深入改革，山东省的改革进程走在了全国前列，有效地激发了市场活力，促进了“大众创业、万众创新”，充分释放了改革红利，受到了企业热烈欢迎，获得了高度评价。

二、用质量品牌打造竞争新优势

“用3~5年的时间，推动4万家中小企业提升质量管理水平；以提升标准、质量、国际认证为基础，培育1000个以上名牌企业和产品；重点打造100个以上知名品牌标杆企业和产品；树立10大行业、10个区域和10个质量强势品牌。”

2016年印发的《山东省质监局关于实施质量品牌提升工程推进“万千百十”行动计划的意见》中，明确了上述总体目标。

“‘万千百十’行动将成为重要抓手，以着力提升山东省质量供给水平、山东品牌发展水平、山东标准建设水平，加快培育以技术、标准、品牌、质量、服务为核心的经济发展新优势，全面推动山东迈入质量时代。”山东省质监局局长张宁波在接受《中国经济时报》记者采访时表示，面对全省经济发展、民生改善的现实需求，该局始终高举质量发展大旗，努力建设“法治质监、科技质监、服务质监、廉洁质监”，大力实施“山东质量”“山东品牌”“山东标准”三大战略，坚持走“标准引领、质量提升、品牌带动、信誉保证”质量发展之路，积极构建“大质量、大标准、大质监”发展格局，全力推动质监工作实现“向监管型质监、向服务型质监、向宏观质量管理”转变。

此外，山东省不断加强标准、计量、认证认可、检验检测等质量基础建设，为质量品牌提升提供坚强的技术支撑，大力实施质量品牌提升工程，促进增品种、提品质、创品牌，推动产业转型升级。加大“引进来”力度，提高国际先进标准和管理方法的适用性，加快实现内外销产品“同线、同标、同质”，加快“走出去”步伐，以标准引领、质量提升、品牌带动、信用保证，提升国际市场话语权，培育对外经济新优势。

山东省质监局质量管理处处长孙秀中在接受《中国经济时报》记者采访时表示，“省长质量奖”是山东省质量方面最高奖项，从2009年开始评选，两年评一届，一次评五个单位。截至发稿前，获得省长质量奖的有40个企业，个人21个，入选的都会获得一些奖励政策。“国家质量监督检验检疫总局（2018 年 3 月已撤销）2016 年开展了品牌价值评价，山东省的海信集团、青岛啤酒、东阿阿胶等都是行业老字号，获奖情况很好。”孙秀中说。

三、构建公共品牌产业体系

近年来，山东省在打造行业、区域品牌方面积极探索。“好客山东”旅游品牌成熟度高、影响力扩大。“好品山东”品牌被认定为全国 23 家互联网与工业融合创新试点之一。“食安山东”品牌建设也见到了实际效果。“齐鲁灵秀地、品牌农产品”品牌在加快推出。

山东省农业厅市场和经济信息处处长刘学敏在接受《中国经济时报》记者采访时表示，2015 年山东省人民政府办公厅起草了《关于加快推进山东省农产品品牌建设意见》，从品牌建设现状，包括下一步建设主导思想和原则、措施等多方面做了一些规划和设计。提出建设四个目标：一是整体树立山东省品牌农产品形象；二是培育一批优秀品牌；三是成立一个品牌目录；四是打造一个线上线下营销体系。

“两年来，山东省品牌建设取得了成绩。”刘学敏介绍，第一个方面，专门制订推动品牌建设实施方案，制订了时间表，具体措施更加明确细致；同时，很多城市都制订了加快品牌实施意见。第二个方面，做了整个地方农产品形象，如临沂推出“产自临沂”形象；烟台苹果等做了形象设计；三个市地的品牌形象得到了宣传和推广。第三个方面，区域公有品牌和知名品牌遴选，比如十大烟台品牌评选，淄博和济南也做了地方品牌。

“作为全国农业大省的山东，如何打造山东省的农业平台？农业品牌化到底应该走什么样的道路？”浙江大学 CARD 中国农业品牌研究中心特聘研究员蒋文龙指出，山东在推动区域品牌创建上有不少举措，也出台了相应文件，其中就要求每个地市都创建 2~4 个区域品牌。

蒋文龙说，这些年打造的区域公用品牌可以分为三类：第一类是纯产业类的，要求该产业有特色、有规模，比如烟台苹果等；第二类是全产业链的，比如说聊城的“聊胜一筹”，在聊城境内的所有产业主体都可以使用，整个产业链都可以使用；第三类是跨产业链的，要求有比较优势，不仅是农业，而且延伸到了旅游业。

“这类品牌适应了当前消费需求，这个今后也会受到政府更多重视，因为把农业产业和旅游产业两方面的特色结合起来，就可以做成农旅结合型品牌。”蒋文龙认为，从产业化高地到品牌化高地，这就是整个山东农业脱胎换骨再创辉煌的一条路。

（执笔：马会、王静宇、罗赟鹏，刊发于 2017 年 4 月 19 日《中国经济时报》，有微调）

浙江调查（1）· 现状篇

品牌强省：浙江正展现“活力”和“韧性”

“存钱不如存技术”“既要挣票子更要创牌子”“工匠精神”“科技创新”——《中国经济时报》记者在浙江调研期间，这类词汇不时从正泰集团有关人员的口中说出。

正泰集团是中国工业电器行业产销量最大的企业之一。早在20世纪90年代中期，正泰集团就积极“走出去”拓展业务。目前，借势“一带一路”倡议，本土化运营使正泰集团的生产、市场拓展、服务及人力资本发挥最大优势，正进一步扩大企业在国际上的品牌影响力。

加西贝拉有限公司以高标准生产2000万台环保、节能压缩机，变频产品打破国外垄断、填补国内空白，能效比从1.0提升至2.18，每年减少电耗29亿度，相当于两个新安江水电站的年发电量。

杭州海康威视公司借助“浙江制造”之力，向世界展示了浙江省的好产品，已在120多个国家和地区注册了商标，海外自主品牌率已经达到85%。

以上是《中国经济时报》记者在浙江调研期间获得的一些案例。作为全国首个地方区域性品牌认证，浙江正努力把“浙江制造”打造成为“中国制造2025”的标杆和浙江经济的金字招牌，而这仅仅是浙江轰轰烈烈进行品牌建设的一个缩影。

随着我国经济进入中高速增长的新常态，浙江省面临着经济转型升级的巨大挑战。在此背景下，浙江省把实施质量强省、标准强省、品牌强省战略和打造“品”字标识“浙江制造”品牌（“三强一制造”）作为转型升级的重要抓手，以期推动浙江省率先迈入标准时代、质量时代和品牌时代。

一、品牌政策：多元支撑格局初步形成

浙江省实施品牌战略起步较早。2006 年，浙江省就提出建设“品牌大省”的战略目标。随着浙江经济社会发展进入转型升级的关键时期，2014 年，浙江省又率先在全国构建了以“区域品牌、先进标准、市场认证、国际认同”为核心的“浙江制造”品牌建设制度体系，联动实施标准强省、质量强省、品牌强省战略，助力供给结构升级。

“目前，浙江省形成了较为完善的品牌培育、发展与保护机制，为培育更多俊鸟型名牌企业、推动品牌经济发展提供了制度支撑。浙江已经初步构建了三级品牌梯度培育体系，即培育提升一批省政府质量奖企业；挖掘培育一批有竞争力的‘品’字标识‘浙江制造’品牌；培育发展一批浙江名牌、省著名商标、省出口名牌。通过发挥省市县三级政府的联动优势，切实推动品牌强省战略落地。”浙江省质监局质量处有关人士告诉《中国经济时报》记者。

据了解，浙江省政府连续四年将“三强一制造”写入省政府工作报告，列为省政府中心工作，并相继出台《关于打造“浙江制造”品牌的意见》《“浙江制造”品牌建设三年行动计划（2016—2018 年）》《浙江省标准强省、质量强省、品牌强省建设“十三五”规划》《浙江省关于发挥品牌引领作用推动供需结构升级的实施方案》等一系列政策，把品牌建设的宏观战略要求转化成可操作、能落地的具体举措。

在品牌政策不断完善的过程中，浙江企业从无牌、贴牌到有牌，加速推动浙江率先迈入品牌时代。“浙江目前正在重点开展‘品’字标识‘浙江制造’品牌建设。”浙江省质监局质量处有关人士说，浙江省坚持“政府主导、协会主抓、企业主体、社会参与”的原则，把多方联动作为“浙江制造”品牌建设的推动力，浙江多元性支撑品牌发展的格局已经初步形成。

从各级政府层面看，在政策牵引上，省、市和试点县都出台了“浙江制造”品牌培育政策意见，着重从融资支持、政府采购、工程招标、市场拓展等八个方面制定扶持政策，明确目标导向。

从各部门层面看，商务部门大力推进“品质浙货、行销天下”推广工程；经信部门推进“浙江制造”精品评价；工商部门推进商标品牌工作，为做精做强“品”字标识“浙江制造”品牌贡献力量；民政部门大力支持筹建浙江制造品牌促进会；省财政专门设立“浙江制造”品牌建设专项资金。

从社会层面看，在发挥协会作用上，浙江省质监局向全省55个行业协会简政放权，让第三方参与“浙江制造”品牌建设工作；成立了“浙江制造”品牌建设促进会，组织开展“浙江制造”标准制定、品牌培育、认证实施、人才培养等工作。

二、品牌效应：对经济的贡献度不断提升

浙江是我国的制造大省，每平方公里就有十家制造业企业。由于制造业是浙江工业经济的支柱，打造“浙江制造”品牌被浙江省视为推动浙江经济转型升级“三强一制造”组合拳的关键“一拳”。

“‘浙江制造’有别于个体品牌，是综合体现浙江企业和产品标杆形象的区域公共品牌，面向的是‘好企业、好产品’。其目标是将自身打造成为‘中国制造2025’的标杆和浙江经济的金字招牌。”浙江省质监局质量处有关人士说。

“浙江制造”高品质的实现手段是什么呢？答案是“标准＋认证”。据了解，“浙江制造”标准体系为“A+B”结构，其中A标准是通用的“浙江制造”评价规范，注重“品质卓越、自主创新、产业协同、社会责任”四大特性；B标准是个性的“浙江制造”产品技术规范（由企业共同起草的团体标准），其主要技术指标应达到国内一流、国际先进。而在认证方面，“浙江制造”采用的是“企业自主申明＋第三方认证＋政府监管＋社会采信”的认证模式。

值得注意的是，推进国际互认是“浙江制造”品牌打造的重要内容。“浙江制造”已成功吸纳美国UL有限责任公司、必维国际检验集团等五家高信誉度国际认证机构加入，成立了“浙江制造”国际认证联盟，积极探索“一次评审，一张证书，两个标志”的实现方式，降低企业认证的综合成本。获得双标志认证证书，标志着企业生产的该类产品不仅符合“浙江制造”标准，同时符合EN（欧洲标准）要求。

《中国经济时报》记者在调研中了解到，浙江着力打造“浙江制造”品牌已经初现成效。一方面，它推动了区域经济的快速发展；另一方面，它提升了企业的国际竞争能力。

老字号是浙江省自主品牌建设的重要内容。自2006年商务部启动老字号振兴工程以来，经过10多年的发展，浙江省老字号企业队伍不断壮大。数据显示，截至发稿前，浙江省共有浙江老字号461家，中华老字号91家。浙江省共建成国家级中华老字号示范商业街1条，连续举办13届中华老字号博览会，发行了全国唯一的中华老字号刊物——《中华老字号》。

老字号对浙江经济的贡献度正不断提升。据统计，2016年，浙江省461家老字号实现税收超过70亿元，各地老字号在当地经济中的贡献比重不断提升。

三、品牌塑造：传播“多腿赶路”形象不断丰富

浙江省是外贸大省，出口规模占全国比重超过12%。在大力推进供给侧结构性改革和供需结构升级的大背景下，加快推进品牌国际化工作，推进“浙江制造”走向全球市场，打造具有全球认知度的出口品牌，被浙江省商务厅视为外贸实现从量的扩张向质的提升的有效途径。

《中国经济时报》记者在调研中了解到，浙江省商务厅抓住“品”“质”“行”“销”四个着力点，推动全省优质产品与服务在“品质浙货”集成化品牌下更好、更快走向国际市场，积极探索出口品牌建设新路径。

在推进“品质浙货”培育方面，浙江省商务厅重点培育“浙江出口名优

特产品”、推动“浙江出口名牌企业”加快发展、发挥“品质浙货”出口领军企业带动作用、开展外贸转型升级试点示范县建设。而在推进“行销天下”渠道建设方面，浙江省商务厅通过展会宣传、搭建全球采购平台、支持境外贸易综合服务平台建设等，多渠道开展“品质浙货”的品牌宣传与营销推广，推动浙江省企业、产品走向全球市场。

浙江省质监局质量处给《中国经济时报》记者提供的数据显示，截至2017年3月底，通过开展“品牌训练营”、地市专题宣贯培训、质量学院、企业针对性辅导等多种形式的培育工作，浙江省已经制定发布“浙江制造”标准189项；全省累计300多家企业要求参与“浙江制造”标准研制；已确定“浙江制造”品牌试点县38个，实现11个地市的全覆盖；“浙江制造”试点培育行业91个，重点培育产品53个，重点培育企业422家；已有67家企业获得122张“浙江制造”认证证书，其中国际合作证书20张。

“浙江制造”品牌培育无疑将给企业带来利好。在调研中，浙江省质监系统的一位官员对《中国经济时报》记者说：“认证本身也是企业和一流标准对标的过程。企业通过‘浙江制造’品牌认证后，即可授权使用‘浙江制造’标志。浙江省很多地方政府对通过认证的企业有很多实实在在的奖励政策。一些企业积极争取，则是希望通过参与标准的制定，未来能掌握行业的话语权。由于政府大力宣传‘浙江制造’，与公众生活密切相关的‘浙江制造’的产品品牌也将会受益。”

（执笔：郭锦辉、龙昊，刊发于2017年4月20日《中国经济时报》，有微调）

浙江调查（2）· 瓶颈篇

品牌培育的浙江合力有待进一步提升

尽管浙货已成为世界各国人民生活中必不可少的一部分，但从国际上看，浙江制造整体上给人的感觉仍然是相对低端。究竟有哪些因素制约着浙江的品牌建设？为了深入了解不同企业在品牌建设过程中的酸甜苦辣，《中国经济时报》记者走访了一些品字标“浙江制造”品牌培育企业、非品字标“浙江制造”品牌培育企业、代工企业、自主品牌企业以及合资企业等，以期从不同的角度一探究竟，倾听企业的真实心声和诉求。

一、品牌立业：浙江自主品牌的酸甜苦辣

（一）外贸型代工企业：转型遭遇“历史包袱”

自从20世纪80年代起步发展以来，服装产业已经成为浙江省平湖市的特色优势产业。不过，随着国内国际形势的风云变幻，昔日的“香饽饽”近几年在走下坡路。2015年，平湖市出台《平湖市人民政府关于印发进一步支持服装企业品牌创建推广实施意见的通知》，把依爱夫、伊思佳、旎莱雅等列入重点扶持品牌名单。2016年浙江依爱夫游戏装文化产业有限公司作为平湖第一家服装企业通过品字标“浙江制造”认证。

在品牌企业的辐射带动下，平湖市自主品牌意识有所提升，2015年服装

企业用于自主品牌投入超3000万元，一批特色品牌在全国范围内拥有了一定的知名度。

《中国经济时报》记者在调研中了解到，通过不断提升ODM、OBM份额，平湖已经形成OEM、ODM、OBM共存的多元化生产模式，部分企业着力探索和创新生产、管理、营销模式，走出了一条特色化和专业化发展之路，如“文化创意”模式、“跨界融合”模式、“网红营销”模式、ODM模式等。

尽管如此，一些平湖服装企业在外贸和自主品牌之间仍然十分纠结，通过一个故事可以解释背后的原因。

一些企业只喜欢做外销，因为外销有利可图，也有活干，如果去做自主品牌创新，一方面会形成竞争关系，另一方面需要重新培育客户等，麻烦很多。由于历史原因，平湖服装企业大多是低利润的纯代加工生产模式，做自主品牌的并不多。企业家的品牌意识是转型升级中非常重要的影响因素。

（二）传统制造业的心声：研发和质量是关键

永康市素有“五金之都”“中国口杯之都”等称号。2017年2月6日，在全市工业经济大会上，永康市政府拿出7000多万元奖励先进企业，其中在品牌建设、标准制修订、政府质量奖等方面的奖励达到了1605万元，同比上升了37.8%。

位于永康市的浙江哈尔斯真空器皿股份有限公司（以下简称哈尔斯），是国内保温杯行业的龙头企业。哈尔斯董事长吕强曾经表示，在经营过程中，哈尔斯实行贴牌生产和自主品牌并重的策略，逐步提高自主品牌的比重，直至将哈尔斯品牌完全打造成具有国际影响力的自主品牌。到那个时候，哈尔斯会倒转过来，在为国际品牌做贴牌的同时，也让别的具有相应资质的企业为自己贴牌生产。

2016年，哈尔斯收购瑞士有一百多年历史的保温杯品牌希格，从原来的希格代工商逆袭成为全资股东，这开创了中国不锈钢真空保温器皿行业的先河。吕强因此入选风云浙商30强名单。

据《中国经济时报》记者了解，哈尔斯主要通过网络营销建设、终端形象展示、优质售后服务以及可靠的质量保证体系等来进行品牌建设，从而提高品牌影响力。其中，产品研发和质量保证被哈尔斯视为最核心的竞争力。

哈尔斯有关负责人在接受《中国经济时报》记者采访时说："民营企业已经意识到，必须赶紧通过企业的转型升级来提高自己的品牌力，具体落实起来，首先就是提高产品品质。"在这位负责人看来，中国杯业的产品研发水平整体偏低。未来杯子发展的趋势是高端和智能，市场容量很大。哈尔斯通过人才布局、产业布局、内部激励机制的转换、加快信息化和智能化步伐来加快企业的转型升级。

（三）自主品牌建设有多难：若重来再不敢

"如果有机会再次选择是否创建新品牌，我肯定不敢。"方晓冬感叹。自主品牌的创建难在哪里？"难在不可测。"他答道。中国民营企业做品牌建设就像是摸着石头过河，没有经验可以借鉴，每个行业也各有特点。

在浙江平湖，当地企业给国外服装品牌代工已经有几十年的历史。大型的服装厂有四五千人。相比之下，浙江迈豪登旅行装备股份有限公司（以下简称迈豪登）的规模中等偏小，仅有五六百人。方晓冬正是这家企业的总经理，2005年前后，他开始摸索创建自己的品牌。

方晓冬向《中国经济时报》记者介绍，当初的想法很朴素，就是觉得国外的订单那么多，国外好卖的东西，未来在国内也会好卖，于是在全国招商，做加盟店。现在，该企业的自主品牌业务占整个业务的一半，另一半是代工。外销渠道还算赚钱，然后投入内销中去。

"外销具有可控性，给国外品牌代工也好、加工也好，一有外贸的订单，所有人都可以很敬业。在接到订单之后，我从谈判屋里出来，基本上就已经知道赚不赚钱、能赚多少钱。而内销是做自主品牌，根本不知道市场的水有多深，很不可控。一个款式到底生产多少合适，能卖多少，最终是保本、微利还是赚钱，如何寻找客户的订单等，这些都是疑问。"方晓冬说。打造自主品牌如此难，反过来，这也正是创建品牌的魅力。"我现在既然干着，就一定要坚持干好。美好的故事总是在未来。"方晓冬说。

在新秀集团《新秀报》主编贾军礼的印象中，在江浙一带，企业的品牌意识基本成长于2000年前后，老牌国企可能更早一点。“虽然有了品牌意识，但要想把品牌做好，却很不容易。很多企业会走不少弯路。把钱砸进去，有的是产品、售后等跟不上，导致血本无归。如何做好品牌，对企业的运营管理、整体绩效管理等都是很大的考验。”

伴随着时代的大潮，新秀集团经历了近20年的品牌建设。据贾军礼介绍，新秀集团目前基本形成了三个矩阵：企业品牌、核心产品品牌、渠道品牌。自主品牌在所有品牌中的占比基本是6∶4，自主品牌仍处于起步阶段，代工的影子还比较重。但近两年，公司通过各种渠道也在积极地“走出去”，而不仅仅是停留在国内市场。

“我们现在有四个品牌，如果同时出击，可能都做不好，所以必须确立一个主品牌，打造核心竞争力。在品牌运营方面，我们的主品牌走的是高档会议和展会，同时也有品牌的自营店、机场店、商场专卖店、百货商店等。随着互联网的发展，我们也在做一些网络媒体的传播运营、电商、行业报告等。品牌的宣传和推广是一个系统工程，售后服务等各方面跟上以后，做起来才比较顺手。”贾军礼说。

二、品牌经营和战略规划意识仍很缺乏

佳源集团是嘉兴当地的一家大型房地产公司。在品牌对外宣传方面，佳源集团文秘宣传室主任朱梁峰告诉《中国经济时报》记者，他们是按照企业的自然发展和成长阶段，慢慢打造品牌，有时候利用一些重要节点或者事件进行品牌营销。

在市场格局变化、国际竞争加剧、低端产能过剩的形势下，尽管浙江省企业的品牌意识逐年增强，但仍有很多中小民营企业缺乏品牌经营和品牌战略规划意识，制约了企业品牌建设和发展。

按照浙江省商务厅的梳理归纳，浙江企业品牌建设存在的主要问题体现在三个方面：首先，缺乏品牌运营理念；其次，缺乏具有国际性地位的核心

竞争力产品；最后，同质品牌存在仿冒现象。

三、品牌培育的浙江合力有待进一步提升

《中国经济时报》记者在调研中发现，品牌建设缺乏人才支撑、品牌建设的推进机制和政策体系不够完善等问题依然制约着浙江的品牌建设。

“浙江省质量人才总量与经济总量的增长不相适应，人才质量与转变经济增长方式的要求不相匹配。大量中小型制造业企业中存在产业工人主体，质量管理、技术研发和品牌经营等关键岗位缺乏质量品牌专业人才，一定程度上决定了浙江产业层次不高以及品牌提升的难度。”浙江省质监系统的有关人士表示。

《中国经济时报》记者了解到，浙江在老字号的保护发展中同样面临着一些困境。比如，出于历史原因，部分国有老字号企业的字号所有权属于母公司，无法引进战略投资者。不少年轻人不愿从事艰苦烦琐的传统技艺工作，技艺传承后继乏人。

此外，老城区改造较少考虑老字号建筑保护，新建筑与老字号原有建筑风貌不匹配，老字号企业回迁难。老字号企业以中小微企业为主，融资难、税负重、租金高。

目前，浙江省企业注册商标虽然很多，但每百户市场主体的注册商标拥有量仍然偏少。浙江省工商局的数据显示，截至2016年年底，浙江省528.6万户市场主体中，平均每百户市场主体拥有商标仅24件；且在品牌企业中，大多规模小、实力弱、附加值低，难以为品牌经济发展提供有力支撑，在一定程度上影响了市场占有率。

《中国经济时报》记者在调研中了解到，浙江省商标品牌企业中“低、小、散、弱”问题依然存在；政府扶持力度有待加大；各部门协调联动有待加强；区域公用品牌带动农业产业有待提升；省内商标品牌理论研究工作尚待加强。

不久前，全球知名的广告传播服务集团WPP和旗下的市场调研机构凯度

华通明略发布了“2017 年最具价值中国品牌 100 强榜单”，浙江省阿里巴巴、老板电器、网易、绿城房产、吉利汽车、森马、明牌珠宝进入榜单。

按照浙江省工商局的分析，省级层面对商标品牌的奖励机制、扶持措施显得较为单薄，持续性不强、力度不大。虽然部分地市政府对获得驰名商标、省著名商标企业给予奖励，但品牌的成长是个长期的历程，需要不间断宣传、运营和维护，每年都需投入较高的费用，特别是当市场行情有所变化的时候，宣传就显得更为重要。

《中国经济时报》记者在浙江省调研中发现，在品牌建设方面，各部门的协调联动有待加强。一些监管部门反映，各部门推进品牌的工作职能还较为分散，部门之间协作、互动性不强，在品牌指导、服务、监管等方面推进品牌建设的合力还没有完全形成，其原因主要是各部门工作重点、方向、考核机制不一样，加上企业间自身条件存在差异性。

（执笔：郭锦辉、龙昊、张海生，刊发于 2017 年 4 月 24 日
《中国经济时报》，有微调）

浙江调查（3）· 对策篇（上）

品牌建设应该融入浙江企业的“骨髓”

一个国家或地区经济崛起的背后往往是一批品牌的强势崛起。

在浙江调研期间，《中国经济时报》记者发现，浙江省的品牌发展既面临机会也面临挑战。比如，佳源集团文秘宣传室主任朱梁峰坦言：“在品牌价值提升的过程中，希望政府能够对企业有一些品牌机制的具体指导，比如品牌打造到什么程度会有什么奖励等。”

品牌有一个形成、扩展、溢价体现的过程。尽管浙江的品牌政策正在发挥引领作用，但是在推动企业品牌形成的过程中，品牌应该是企业文化、“工匠精神”的体现，真正的企业应该走这种道路。

一、互联网时代的品牌建设须适应消费者需求

伴随着互联网的发展，客户需求日益多元化、产品日益多样化，如何处理标准化生产和个性化消费需求之间的关系？

“互联网带来的变化是，现在消费者的个体需求很不一样，商业模式也在变化，产品要好、价格要便宜、服务要好、速度要快，同时把年轻人的需求弄清楚并且抓住了，企业才能抓住未来。”迈豪登总经理方晓冬说。

在方晓冬看来，对于服装而言，消费者的第一需求是保暖，而户外运动属于第二需求。迈豪登定位的是个人的享受需求。迈豪登有五个品牌，不同

的品牌，选择的平台、价格定位不同，有的走高端路线，有的在直营店销售，还有的在商超销售和由经销商销售。

“与科技型企业相比，传统的劳动密集型企业解决了很多就业问题，政府应对这类企业进行减税，以支持企业进行品牌建设和发展。国家在品牌建设方面的政策，应该给企业一个导向，至少让企业知道有这方面的奖励，让企业知道朝这方面努力没有错。”方晓冬说。

“线上品牌营销是主流，但是比较零碎，需要很精准地在产品每个部分深耕，不像以前一个款式可以走天下。”在新秀集团营销总监陈瑞祺看来，现在不少箱包企业主打的是新产品，所以市场在定价环节需要很小心，如果定价太低，企业的利润太少，生存空间就很小；如果定价太高，消费者会觉得性价比低而放弃购买。箱包市场的大环境不是很好，一旦卖不出去，下一波的订单就没有了。所以，在考虑客户的需求时，企业也要考虑市场因素。

“如果企业想使原来的市场份额有大的变化，设计的品质、产品的品质一样都不能缺少。打造品牌基本上就是这个道理。一个产品 80% 基于基本需求，剩余的 20% 如果没有吸引力，就很难吸引消费者。”陈瑞祺说。

陈瑞祺建议，对企业来说，经营品牌最重要的就是精准定位，如果摇摆不定，很可能不被消费者接受。要想方设法让客户养成消费习惯。由于政府对外贸的支持力度较大，因此品牌在海外的推广效果相对较好，而品牌政策对内贸的作用较小。

二、品牌建设路径：企业要有自己的特色

宁波是一个外贸大市，其经济发展格局一直以中小企业为主。宁波市市场营销协会专家君营 2012 年曾经专门做过宁波市中小工业企业转型升级中的市场营销路径调查。调查结果显示，宁波中小工业企业虽然在品牌建设方面已取得一定成绩，但大多数企业并没有取得立竿见影的品牌效应，依然籍籍无名。

调查结果显示，宁波的中小工业企业在相当长的一段时间里，为其他企

业提供零部件产品或生产贴牌产品，不重视品牌建设，很少有自己的品牌和品牌战略，只是为他人作嫁衣。无品牌是宁波中小工业企业的一个软肋。

君营分析，品牌建设并非一日之功，它需要一个企业综合能力由内带外的内化先导的过程。这是一项长期的系统工程，品牌营销企业要有耐心，练好内功，坚持实体经济，以品牌定位为核心，通过规范决策制定、完善组织结构、厘清管理流程、加强员工培训、创建企业文化、增强企业向心力等内部管理手段，塑造品牌内部形象，支撑品牌外部形象，实现品牌内外一致，使消费者形成统一、鲜明的品牌认知，铸造隐藏在品牌背后的企业之魂。这是中小工业企业品牌营销必走的路径。

课题调查结果分析显示，宁波的企业既要对加工贸易转型升级和品牌建设有信心，又不能强求所有的企业都走自创品牌的道路，而要根据自身的情况量力而行。生产贴牌产品的企业只要把握机遇，同样也能找到成功营销的路径。

浙江省品牌建设促进会副会长兰马在接受《中国经济时报》记者采访时建议，宁波可以充分利用“浙江制造”品牌影响力，打造“中国制造 2025”的示范城市样板，从区域制造型生产效益向区域创造型社会效益转变，从海港贸易型交易向海港贸易型服务转变，从板块产品型经济向板块品牌型经济转变，从而实现从“品质制造”向“品牌制造”的转变。

三、品牌建设应该融入企业的“骨髓”

浙江省平湖市服装自主品牌创建周期长、投入大、整体成功概率不高，一部分有自主品牌的企业在研发设计和品牌运营团队建设方面还缺乏持续的投入，缺乏对新型商业运行模式的足够了解，自主市场推广及企业的核心竞争力较弱。

平湖市服装产业设计基地董事长武剑建议，加强服装企业设计与品牌创新建设，引导有规模、有能力的服装企业加强自主研发设计能力建设，鼓励其与专业机构开展设计合作。加强自主品牌创建推广，深入挖掘特色品牌服装文化，根据企业发展特点，创新运用线上（依托第三方电子商务平台、微商等）、代理、线下直销、产店合作等商业模式，并加快完善自主营销网络。同时，大力引进国内知名品牌服装企业，带动平湖市服装企业质量整体提升，促进服装产业快速发展。

“平湖应发挥龙头企业优势作用，推动企业提升智能制造和管理水平。鼓励服装企业加快智能化改造，提高劳动生产率，推进产业结构优化升级。推进市场结构优化升级；加强生产性公共服务平台建设；加快电商驱动市场；加快发展服装高端个性化定制；认真开展各项活动；加强对外交流合作；加强宣传、营造氛围、提升区域影响力。”武剑说。

君营认为，政、企应该联手对中小企业的转型进行分类指导。“总结、宣传、推广成功转型升级的典型企业和其成功营销路径；按照国家行业发展的总体战略和宁波经济结构调整的布局，加快培养新一代有觉悟、有技术、爱岗敬业的产业工人，为未来企业发展打好坚实的人才基础；建立宁波中小工业企业信息数据库；扶持中小工业企业可以再实点、细点。”

四、浙江经济的转型方向应是品牌经济

“在新常态发展阶段，浙江必须加快转变粗放式经济发展方式，更加注重内涵式的精细化发展，大力实施品牌战略，把品牌经济作为新常态发展的重要支撑和改革方向。”兰马对《中国经济时报》记者说。

在兰马看来，浙江省要想继续发挥出口对经济发展的支撑作用，必须加紧培育新的比较优势，必须对企业“贴牌和代工”的“低利润式的勤劳不富裕”现状进行转型升级，快速使自主品牌出口比重提高，以“浙江制造”品牌建设为牵引，激发经济转型升级新动能，使浙江经济向品牌经济转变，实现浙江经济的新常态发展。

浙江省品牌建设促进会原秘书长苗六在接受《中国经济时报》记者采访时提到，浙江企业具备产量优势，也不乏优质产品，能为众多国际品牌代工，完全有能力打造国际一流品牌。“当务之急就是树立强烈的品牌意识，不断提

升浙江品牌形象和广泛的国际影响力，发挥品牌经济对产业优化升级的引领作用、创新成果转化的驱动作用、可持续发展的保障作用。这是浙江省实现新常态发展的必由之路。”

“浙江省要想打造品牌经济，需要深刻把握经济发展新常态，坚决克服传统思维定式和粗放式发展惯性，把经济发展的着眼点放在‘品质与创造、标准与品牌’上来，处理好做大与做强的关系，把握好技术创新与商业模式创新的促进作用，培育好有形资产与无形资产的价值转换，切实做好价值塑造与媒介传播的形象推广，发挥品牌引领作用，促进全省品牌战略与创新驱动发展战略融合互动，不断创造出新的经济增长点。”浙江省品牌建设促进会原秘书长苗六说。

（执笔：郭锦辉、龙昊、张海生，刊发于2017年4月25日《中国经济时报》，有微调）

浙江调查（4）· 对策篇（下）

迈向品牌时代：浙江经济招牌如何更亮

在浙江调研期间，令《中国经济时报》记者感触最深的事情是，尽管不同地区、不同部门、不同企业都意识到品牌的重要性，也都希望打造品牌经济，但是其对品牌的认识程度、品牌建设的实现途径、品牌传播的方式等存在差异性，这背后有着多种深刻、复杂的原因。

在经济新常态下，"浙江制造"未来如何才能打造成为"中国制造 2025"的标杆和浙江经济的金字招牌？如何更好更快推动浙江经济率先迈入品牌时代？不同的市场主体给出了自己的一些看法。

一、建议健全立法促进品牌建设

在浙江调研中，一些企业认为，企业的发展离不开第三方评价，要有一个量化的标准，客户对企业的实力才会有了解。

新秀集团《新秀报》主编贾军礼表示，近几年，政府对企业发展的扶持力度非常大，比如与企业打交道最多的商务局、经济和信息化局、质监局等，通过对品牌建设的促进，质量渠道的品牌培育、"三强一制造"、"三名"工程的推进等途径，让企业切实感受到政府对民营经济的扶持。

新秀集团是一家通过品字标"浙江制造"认证的企业。"长远来看，要想使产品在国际市场上有比较好的影响力和竞争力，一定要提高产品质量和产品品质。‘浙江制造’品牌建设活动的开展正好给新秀集团提供了机会，尤其是在标准领域，通过对产品的原材料进行检测，提高新秀集团在市场上的发展空间。”贾军礼说。

据新秀集团营销总监陈瑞祺介绍：很多客户要求企业提供第三方相对客观的认证。“浙江制造”这个名称本身就已经让客户了解企业的标准和认证达到什么程度、产品为什么比其他品牌优胜、价格为什么比其他品牌贵。

和新秀集团一样，正泰集团也是通过品字标“浙江制造”认证的企业。在浙江正泰电器股份有限公司品牌管理部总经理张帆看来，浙江省在品牌建设方面有时候很接地气。“‘走出去’本是企业自己的事情。浙江省为鼓励企业‘走出去’，出资搞展览，邀请企业参会。和本地企业同时参加展览的还有很多中央企业。这对企业‘走出去’实际上是直接有帮助的。”

为了更好打造“浙江制造”品牌，浙江省质监局质量处有关人士建议，尽快制定《质量促进法》。“可以参照美国等发达国家做法（建立《统一产品责任示范法》和《质量促进法案》），充分发挥市场机制作用，以法治的力量推动质量发展。将产品质量明示制度、质量信用制度、产品损害高额赔偿制度和产品无理由七天退换货等一系列制度纳入其中，特别要突出加大品牌保护力度，将品牌保护相关内容纳入其中。”

在加强法律政策保护方面，一些人士还建议为老字号保护发展立法，为老字号品牌保护和创新发展提供法律保障。

二、需要加强知识产权保护力度

在箱包行业，仿冒产品是行业的一个痛点。贾军礼表示，一旦好东西出来，类似产品不久就会在市场上出现。如果真的投诉，维权程序复杂，取证也比较难。对知识产权的保护一定要有公平、公正的市场竞争环境。另外，箱包行业整体研发能力不足、专业人才比较欠缺，再加上是劳动密集型行业，箱包行业的转型升级并不容易。

在现实中，一些自主品牌常遭遇假冒侵权。因此，一些企业对知识产权保护部门抱有意见，而在品牌建设过程中，基层监管部门也有困惑。

“现在一些仿冒企业都跑到浙江以外的地方，每年都要专门请人和仿冒企业打官司。对名牌的保护真的不够。虽然有法律，但是执行难、取证难、处理时间又长。等取完证，一些产品已经更新换代，即便是被侵权的企业赢了，也没有用，因为产品要下架了。”浙江省平湖市质监局有关人士说。

在该人士看来，“商标有相应的商标法去保护，但是名牌却没有名牌法。要打造名牌，同时也需要保护这些名牌。比如打造‘浙江制造’，一些企业在呼吁，我们基层监管部门也在呼吁，怎样确保不会被仿冒？如果有人仿冒了，该怎么处罚？没有法律保护‘浙江制造’，真的不行。”

相关人士建议，品牌的保护最好上升到法律层面。要营造品牌、品质环境和打造政府公信力，让仿冒“浙江制造”者承担违法成本。

浙江省商务厅建议，借鉴国外品牌保护的优秀经验，加强质量监督、市场监管，严厉打击假冒伪劣和侵犯知识产权行为及侵权主体。构建品牌维权机制、建立海外知识产权维权专家名录库、加大对企业知识产权涉外维权援助力度等。

三、多些“接地气”的品牌引领政策

国际机场对开设营销网点有较高的进入门槛和资格条件，通过政府层面的经贸合作给予有力支持是不可或缺的。

以浙江省商务厅支持“品质浙货”入驻香港国际机场项目为例，由于机场项目前期资金投入大，需要政府在培育阶段给予一定的资金支持，待项目完全成熟后再交由入驻企业或第三方企业运作。不少其他国家和地区都有专门项目支持本地品牌进入国际机场这一中高端渠道。

“浙江制造”品牌认知度还需要进一步提升。浙江省品牌建设促进会副会长兰马在接受《中国经济时报》记者采访时表示，“浙江制造”的标准特色必须构建以“好产品”“好企业”“好口碑”为核心价值观的浙江标准体系。“浙江制造”要形成全省品牌意识，统一管理。未来企业想要在产品上打上“浙江制造”标签，其制造标准必须是中国领先、世界一流，代表了“浙江制造”的标准技术与品牌价值，甚至在某一细分领域，代表了中国制造及中国品牌。比如，“在有着‘世界小商品之都’的义乌，就可以充分利用‘浙江制造’品牌高端形象，推动市场从服务小商品到服务品牌精品，从服务小企业到服务品牌龙头企业，从而实现从低端制造向高端服务的华丽转身。”兰马建议。

浙江省品牌建设促进会原秘书长苗六对《中国经济时报》记者说，“浙江制造”必须从优势龙头企业、隐形冠军、单打冠军和老字号等企业中，精心挑选最优秀的企业，组成打造“浙江制造”品牌的冲锋队、兄弟连，高举匠人精神的旗帜，把浙江产品做到极致，推动“浙江制造”从速度型迈向质量型，从产品型迈向品牌型，努力使“浙江制造”标准上升为国家标准和国际标准，提升浙江制造业的标准话语权，实现“浙江制造”在国内、国外两个市场的双赢，快速让“浙江制造”成为浙江省最亮丽的一张国际品牌名片。

浙江省质监局质量处有关人士表示，着力打造“浙江制造”品牌，未来要注重市场化运作，大力发展市场化、社会化品牌建设服务机构，发挥行业协会等社会组织在品牌研究、维权等方面的重要作用。要加快建立全国统一的信用信息共享平台，推进企业、机构信用信息在银行、保险、政府采购、工程招投标等领域的共享共用。构建守信激励和失信惩戒机制，建立健全失信“黑名单”制度，加强对守信行为的奖励和激励，加大对失信主体的约束和惩戒力度。

此外，该人士还建议，推动成立以“浙江制造”品牌为核心的品牌建设联席会议，协调各方力量共同推进品牌建设。当地政府应加大扶持政策力度，推动资金、技术、人才、土地等重点要素向“浙江制造”品牌企业倾斜，推动“浙江制造”品牌建设扎实开展。

四、品牌驱动力：平衡好市场和政府的关系

在国内，“以评促建”是品牌推广的常见做法，但一些评比背后的猫腻却为企业所诟病。

张帆就经历过这样的事情。“每年有各种各样的评比，评价机构太多了。企业如果要参加，应选择国内具有非常好的公信力的组织机构。中国香港曾经做过优质商家的认证，获得认证的商户门口会被贴上标志，它背后是当地政府的公信力。在国外，一些专业、独立的第三方机构举办的评比也相对客观。”张帆说。

一直以来，我国实施品牌战略的主要措施包括由相关政府部门通过行政认定的方式认定名牌产品、著名商标、出口名牌、老字号等，引导企业通过创品牌增强质量竞争力。但是，有些方式已不适应当前形势。

以前一些行业协会、媒体都搞品牌评比，但评比结果常常十分混乱。一些国际采购商也会询问浙江企业是否获得了政府的奖项，相对而言，有政府公信力背书的品牌更容易被市场接受。

“品牌评价过多地通过政府行为去实现，容易透支政府的公信力，所以市场化是未来品牌发展的方向。由政府主导建立品牌制度，由市场运作品牌评价行为。打造品字标‘浙江制造’品牌就是抓住‘区域品牌、先进标准、市场认证、国际认同’四个关键，探索更多发挥市场作用的品牌建设创新之举。从政府角度看，找到了品牌工作的有力抓手，加强了宏观调控，促进了转型发展；从企业角度看，落实了企业的主体责任，增强了企业的质量意识和品牌荣誉感，提高了市场竞争力；从社会角度看，为社会各方提供了权威的质量信号和价值导向，提升了浙江形象，实现了各方共赢。”浙江省质监局质量处有关人士说。

（执笔：郭锦辉、龙昊、张海生，刊发于 2017 年 4 月 26 日《中国经济时报》，有微调）

湖北调查（1）· 现状篇

湖北品牌建设进入黄金发展期

对于中部来说，湖北省占有桥头堡的区位优势，历史上工商业较为发达，产业基础雄厚，劳动力充裕。省会武汉市的大市场、大流通与大商业，造就过一批闻名遐迩的品牌企业，武汉市曾经是全国品牌最多的城市之一。

但是由于种种原因，进入新世纪的湖北省，除了诸如“东风”“劲牌”等部分知名品牌外，整体品牌影响力减弱。为此，湖北省将品牌建设工作放在突出位置，政策支持力度前所未有，近几年呈现出量质并进的趋势特点。借助中部崛起战略支点的区位优势，在经济增速放缓的背景下，湖北品牌建设迎来黄金发展机遇期。

《湖北省商标战略年度发展报告》显示，截至 2016 年年底，湖北省驰名商标居全国第七位，中部第二位；地理标志居全国第三位，中部第一位；新增 5A 级景区（国家 AAAAA 级旅游景区）三家，跃居全国第三位。

在中国首批商标战略示范城市里，湖北省武汉市、宜昌市位列其中；“湖北中烟”进入首批商标战略示范企业名单。“稻花香”“华新水泥”“劲牌”等十二家本土品牌闯入中国品牌 500 强。“黄鹤楼”“东风”“九州通”三家当地企业则跻身胡润 200 个最具价值的中国品牌榜。

一、政策推动“湖北产品”向“湖北品牌”转变

从湖北省在全国的驰名商标和经济总量来看，两者排名几乎不相上下，驰名商标与区域经济发展水平呈正向关系。

《中国经济时报》调研组在与湖北省工商局座谈中了解到，这很大程度上得益于近几年的政策支持：湖北省农业厅年均安排800万元专项资用于“三品一标”品牌培育；文化厅创建6个国家级文化产业品牌集群示范基地；质监局培育湖北名牌91个；知识产权局优化知识产权工作体系，促进专利申请量持续高速增长；国资委争创驰名商标纳入企业评价、考核、薪酬奖励范畴，已认定62个服务业重点品牌、29个“湖北老字号”；旅游发展委员会在加强大型旅游企业品牌建设过程中，又新增3家5A级景区。

“自2013年开展品牌建设以来，我省创立了品牌强省联席会议制度，由工商局牵头，成立品牌强省建设委员会，联手十几个职能部门共同推进品牌建设。”湖北省工商局商标处副处长周辛介绍说，联手行动更有针对性，让政府服务企业的效果比以前分散管理更加明显。

据了解，品牌建设任务已先后纳入《湖北省国民经济和社会发展第十三个五年规划纲要》、《中国制造2025湖北行动纲要》、年度重点工作和供给侧结构性改革专项行动，有效注册商标、驰名商标、著名商标、地理标志等指标也被纳入年度班子考核内容。

湖北省质监局的人士与《中国经济时报》调研组交流时表示，2017年上半年，该省还召开了品牌强省推进大会，将品牌建设作为促进创新驱动发展、结构性改革和经济转型升级的重要抓手，推动“湖北产品”向“湖北品牌”转变。

二、量质并进，壮大品牌实力

在调研中记者了解到，湖北省有效注册商标在三次产业的分布比较均衡，驰名商标、地理标志数量相比“十一五”时期末增长八倍多。与此同时，湖

北省涌现出一批知名度较高、竞争力较强的先进制造、高新技术和服务业品牌。其中，128 家高新企业获驰名商标认定，190 家现代服务业企业获得著名商标认定。宜都市成为首个农产品品牌示范基地。此外，24 个县（市、区）、80 个乡镇（街道）和 51 家企业，被授予该省品牌建设示范单位。品牌发展态势良好。

“今后品牌建设将由量向质发展，培育壮大品牌实力，而不仅仅单纯地追求商标量。”周辛介绍说，为此，专项设计了“企业品牌三年滚动式目录”，根据省内一、二、三产业需求量，选择符合评价体系前 40% 的企业进入名录，入选企业将得到不同程度的奖金、优惠等激励政策，每三年进行一次优胜劣汰的测评。实践证明，这个办法对促进湖北省经济总量和供需结构调整起到了一定的助推作用。

在工作机制上，他们的主要做法有以下几点。一是优化营商环境、提高企业综合竞争力，以营造良好的社会氛围。二是以品牌引领为核心，发展品牌经济，通过品牌基础建设工程、供给结构升级工程、需求结构升级工程，进一步提升“湖北品牌”在国际国内市场上的影响力，从而助力供给侧结构性改革。三是保护湖北历史文化遗产，支持老字号品牌企业做强做大。四是开展品牌科技创新，对品牌企业进行精准培育。五是丰富产品和服务品种、增加优质农产品供给、推进“湖北制造 2025”。此外，还建立了驰名商标孵化库、地理标志孵化库，对纳入库内的企业定向服务，有计划、有步骤地进行梯队式发展。

值得关注的是，在培育品牌实力的过程中，品牌集群的建设可以说是湖北省引领产品升级、服务品牌的示范行动。截至发稿前，依托湖北传统支柱产业和优势产业，已形成光谷高新品牌区、汉江汽车品牌走廊、鄂东钢铁品牌群等十个区域性品牌集群。“在全省的产业集群区里，我们鼓励品牌抱团发展、板块式发展，共同推进每个区内相关企业的品牌升级行动。”周辛告诉《中国经济时报》记者，区内的企业维权保护也更加有力。

三、品牌引领，促进供需结构升级

品牌是市场经济发展到一定程度的产物。像其他省份一样，湖北省品牌成长也经历了从无到有、从低端制造到创造自主品牌的历史阶段。一个典型的代表，就是湖北省的服装品牌。

“汉派”服装是湖北省最早出现的知名品牌产业，起步于20世纪80年代，到了90年代，“汉派”服装已享誉全国，奠定了湖北省服装大省的地位。但受行业规律和大环境影响，后期利润率不高，很多企业纷纷转产或多元化发展，产业流失严重，“汉派”服装一度沉寂，在全国销售排名中处于下降状态。

“但是区域和劳动力优势仍在，近两年，湖北省服装行业再次凭借品牌强省战略迎来新的发展。”时任湖北省经信委轻工纺织产业处处长黄敏鸿告诉《中国经济时报》记者，“我们通过建设品牌产业生态区，增强企业的科技实力和品牌竞争力。比如，促成‘猫人’与阿里巴巴的合作，从2016年启动微商营销模式后，半年便突破亿元销售额。”

当调研组走进红T时尚创意街区（以下简称红T），看到它正在工业园区旧址上进行改建。红T总经理冯莉从事服装业将近二十年，她介绍说，红T未来将提供与服装设计相关的其他产业链，也是培育和发展服装设计师的梦工场，还将为湖北服装业培养本土人才。“我相信，红T将成为城市品牌，引导武汉人的时尚生活。”冯莉感慨地告诉记者，没有想到他们这个大胆的设想和付出引起了政府关注，在项目资金和嫁接国际资源方面都得到了政府实质性的帮助。

四、加强品牌保护意识，提升企业竞争力

竞争带来品牌关注度。相比服装行业，湖北的食品品牌起步较晚，在国内能够叫响的品牌较少。由于农产品附加值低，目前尚未进入品牌时代。

对此，开创“玖农网”的国基控股集团董事长谢远忠认为，湖北不缺好

的农产品，缺的是品牌意识，枉费鱼米之乡拥有的丰富农产品资源。“要用投资的眼光推进湖北农业品牌，整合农业上下游供应链运营，丢掉小而散的品牌，汇集地方特色大品牌来解决农产品销售痛点。”谢远忠建议：“政府要加大对传统产业的扶持力度，落地农业产业园，将物理空间和知识平台相结合，全面覆盖省内农产品。另外，应在机场等公共场所，增加农业品牌形象公益展示区。”成功策划过湖北神丹品牌营销的策划机构 CEO 刘渐飞则建议政府采用“投资 + 品牌 + 平台”的方式，帮助企业打造本土名牌农产品。

“知识产权对品牌发展非常重要。”湖北省知识产权局副局长程浩在调研中告诉记者，知识产权是第一竞争力，在品牌建设中，要争取将湖北打造成知识产权强省。希望各界达成思想共识，形成合力，未来十年，湖北将迎来品牌快速增长期，要让聚少成多的品牌价值对湖北经济起到不可忽视的助推作用。

调研组从多方了解到，尽管湖北省政府做了很多努力推动企业品牌成长，品牌关联着企业的文化内涵、知识产权、商标运作、公共关系、市场营销等整套体系，是提升企业竞争力的主要考量，因此，正处于培育期的湖北品牌，需要唤醒更多市场主体的品牌意识，增加产品附加值，提升企业竞争力。

（执笔：潘英丽、魏昊星、张一鸣，刊发于 2017 年 8 月 9 日《中国经济时报》，有微调）

湖北调查（2）· 问题与对策篇（上）

政府推动湖北品牌崛起需后劲

一场由湖北省政府强势主导的品牌升级战，三年后逐渐显现成效。

2013 年，湖北省以省政府下发文件的方式，要求二十余个相关职能部门配合推进品牌强省战略，并将品牌建设的成果列入市领导班子的年度考核。湖北省一些与品牌相关的指标，如商标、地理标志、名牌等都呈现出加速递增的趋势。

《中国经济时报》调研组在湖北省深入走访多个政府部门和企业后发现，虽然品牌强省战略显现成效，但湖北省品牌发展的进程与地方现有的产业规模相比，未能充分彰显品牌力量。与此同时，湖北省正处在从品牌“量的增长”到“质的提升”的转变阶段，需要政府调整思路、转变职能，着力于服务和营造公平竞争的环境。在这个过程中，需要破解不同部门之间的协同发力问题，尽快形成部门合力。

一、多头治理需提升合力

经过三年的强势推动，湖北省的品牌强省战略走向纵深，当地逐渐构建起推进品牌建设的大格局，政府推动效率有待提升的问题也逐渐暴露出来。如何放大各个部门的协同能力，需要地方政府思考。此外，一些基础条件缺乏的问题也逐渐显现。政府花费很多精力打造品牌，在实施过程中却依然面临评估和评价体系缺失的问题，不能及时调整现有政策中的空白点，需要进一步系统化。

调研组发现，湖北省的品牌建设由地方工商部门牵头，经济和信息化厅、农业农村厅等二十余个部门均涉足其中，相关部门均出台了与自身业务有关的品牌推进工作。著名商标和驰名商标由工商部门主导，湖北名牌由质检部门主导，农产品“三品一标”的品牌建设在农业部门，每个部门有不同的工作措施和激励措施。

在 2013 年发布的《关于推进品牌强省建设的若干意见》中，调研组注意到，文件出台的背景是要推动工商部门从主抓商标战略向推进品牌战略升级，从部门工作向政府工作升级。此举的初衷，是为了进一步发挥工商机关服务全省经济社会发展的职能作用，工商部门随后成为湖北省品牌战略的牵头单位。此后，每年协调二十多家成员单位研究制定下一年度的工作重点目标及措施，明确责任分工，以增强推动合力，并坚持“湖北商标年度发展报告”发布制度，定期交流各地各单位工作情况。

客观上，为了能够形成合力，湖北省政府的各个主管部门在各自的工作范围内做了很多工作。其中，湖北省经济和信息化委员会（2018 年 10 月更名为湖北省经济和信息化厅）引导规模以上工业企业把品牌建设纳入发展规划；湖北省税务局出台企业品牌研发费用加计扣除税收等优惠政策；湖北省人力资源和社会保障厅为品牌强省建设提供技能人才支撑；湖北省农业厅（2018 年 10 月已撤销）年均安排八百余万元专项资金用于“三品一标”品牌培育；湖北省人民政府国有资产监督管理委员会将争创驰名商标纳入企业评价、考核、薪酬奖励范畴；湖北省发展和改革委员会、湖北省商务厅分别认定六十二个服务业重点品牌、二十九个“湖北老字号”；湖北省文化厅（2018 年 10 月已撤销）创建六个国家级文化产业品牌集群示范基地；湖北省质量技术监督局（2018 年 10 月已撤销）培育湖北名牌九百一十个；湖北省知识产权局优化知识产权工作体系，促进专利申请量持续高速增长；湖北省旅游发展委员会（2018 年 10 月已撤销）加强大型旅游企业品牌建设，新增 5A 级景区三家，总数达到十一家，总量跃居全国第三位。

但在经过三年多的运行后，之前的合作模式暴露出来一些问题，几乎所有的政府部门在接受采访时都反复提到部门合力。与此同时，工商部门作为牵头和协调单位，手段、资源、力度有限，协调能力还有提升的空间。

一些地方政府部门的官员向记者表示，湖北省虽然搭建了品牌建设的大格局，但在具体的分工上还有细化空间。比如，品牌建设“十三五”规划由国家质量监督检验检疫总局制定，但一些工作协调起来存在困难。其中，湖北省食品药品监督管理局（2018 年 10 月已撤销）设立了湖北质量奖，公布相关企业的产品质量。但湖北省食品药品监督管理局的相关负责人认为，如果能与其他部门密切配合、信息共享，将更好地促进产品质量提升。

二、政府职能亟待转变

湖北省已经将品牌建设作为促进创新驱动发展、结构性改革和经济转型升级的重要抓手。湖北省在《关于推进品牌强省建设的若干意见》中称，要为加强自主品牌建设，提升经济的核心竞争力，为湖北省“建成支点、走在前列”提供有效支撑。

这个支撑点现在依然成立，但面临挑战，比如之前的一些政策可能无法持续等，政府如果只是继续维持之前投入式的扶持方式，或将后劲不足。

湖北省当地政府主管部门的人士表示，中央财政支持主要用于民生，在品牌建设上不再提倡以奖励为主要方向的资金使用方式，同时，对品牌建设的财政支持基金也在发生变化，一些政策可能不会继续执行。湖北省政府部门的人士认为，品牌涉及专利和商标、版权等多个方面，未来现有的工作模式面临调整，需要理顺品牌建设的机制。

调研组发现，主管部门逐渐形成共识，政府要改变之前形成的思维惯性，不再依靠之前简单的投资方式，要明确服务型政府的定位。承担起引导和服务责任，净化市场，为企业服务、为消费者服务。

湖北省食品药品监督管理局的人士指出，未来政府的作用是净化市场环境，维护市场秩序，让企业可以更好地竞争，防止劣币驱除良币。

湖北省在《关于推进品牌强省建设的若干意见》中规划，要以“扩大品牌总量、提升品牌质量”为主线，努力把湖北打造成为品牌强省。到2020年，全省品牌培育、发展和保护机制日益完善，品牌数量大幅增加，自主品牌市场价值明显提升，形成一批具有国内、国际市场竞争力和影响力的品牌，品牌经济在全省经济总量的占比明显提高。有效注册商标总量达到二十五万件以上，国际商标注册总量达到五百件以上，地理标志达到二百件以上，全省拥有中国驰名商标达到三百件以上、湖北省著名商标超过三千件；中华老字号、湖北名牌产品明显增加；农业“三品”(无公害农产品、绿色食品和有机农产品)认证数量保持全国领先；培育和形成一批有影响力的区域性品牌集群。

湖北省知识产权局副局长程浩向调研组指出，打造和传播品牌是一项系统工程，需要提高政府治理体系和治理能力，实现国家治理体系和治理能力的现代化，具体到各个部门如何联动、单个部门的能力如何提升等方面，包括品牌建设的领导小组怎么运行、如何发挥作用、常态化的管理是否需要立法等。此外，品牌构建关系到区域经济的竞争力，如何形成系统工程，发挥联动作用，相关部门要对品牌有充分认知，要意识到品牌是独占的，维系品牌要靠法律手段，需强化知识产权管理。

（执笔：张一鸣、魏昊星、潘英丽，刊发于2017年8月10日《中国经济时报》，有微调）

湖北调查（3）· 问题与对策篇（中）

品牌强省需要市场的内生动力

经历过行政力量的强势推动后，由市场自发形成的品牌力量正在显现，但与湖北省的产业基础相比，市场在品牌建设中提供的支撑力尚不足。

湖北省处在工业化的中后期，品牌培育的特点与湖北省经济发展的阶段密不可分。《中国经济时报》调研组在湖北省调研时发现，虽然有一些企业开始加大在品牌建设中的投入力度，但更多的企业依然是旁观者，并没有市场化的品牌意识，缺乏内生动力。而作为品牌市场的重要组成部分，与品牌培育相关的服务机构依然处在初级发展阶段，对中小企业的品牌扶持能力不足，客观上使得政府还要在品牌的培育上扮演重要角色。市场的接替作用尚未形成，破解当前的困局，需要激发企业内生的发展动力。

一、龙头企业的品牌突围

总部在湖北省的国有企业东风汽车集团，其品牌家喻户晓。据了解，东风汽车集团通过不断打造企业品牌，对企业经营效益的促进作用已然显现。

中国汽车市场逐渐成熟的标志之一，是从产品时代过渡到品牌时代，品牌在影响消费者购买决策中的权重比已经从 10% 左右上升到 30% 左右。在过去很长一段时间里，东风汽车集团通过寻求合适的品牌定位和品牌架构，制定并实施合适的品牌战略，包括品牌形象传播等措施，逐渐形成有自身特色的品牌。在“十二五”期间，东风自主品牌整体销量跨越百万辆台阶，年均增长 4.5%，行业排名由第七位上升至第三位。2016 年，东风自主品牌汽车累计销售 137.74 万辆，同比增长 13.03%，占东风整体销量的 32.21%。

东风汽车集团的相关负责人告诉记者，早在 1997 年，东风商标在国内汽车行业率先被国家工商行政管理总局认定为中国“驰名商标”；2006 年，东风品牌被商务部授予“最具市场竞争力品牌”；2007 年，东风品牌被国家质量监督检验检疫总局授予“中国名牌”这一中国企业产品质量方面的最高荣誉。

同样的，湖北省的民营企业劲酒集团（以下简称劲酒）是另一个家喻户晓的企业。一句“劲酒虽好，可不要贪杯哦”让劲酒树立起保健酒的形象，并把知识产权战略融合到企业的发展中，成为保健酒行业的领军企业。

湖北省知识产权局副局长程浩告诉调研组，劲酒通过专利和创新打造保健酒品牌，面世后曾被大量侵权。湖北省果断执法、制止侵权，让企业知识产权优势强化，使其产品销售得更好。

劲酒的相关负责人告诉记者，品牌发展的过程就是企业发展的过程，从注册商标到打造保健酒行业品牌的过程，也是劲酒不断创新知识产权的过程。最初，企业并没有品牌意识，在发展过程中逐步树立品牌意识，注册劲牌有限公司，并始终专注于保健酒领域，提升产品品质，最终奠定行业龙头地位，现在更关注企业的社会责任，要在更大的外延打造产品品牌。

二、企业还缺乏品牌意识

与湖北省的产业基础相比，类似东风和劲酒的案例相对较少。许多企业仍停留在初期的发展阶段，普遍缺乏品牌意识。

当地的一位观察人士告诉记者，不少企业处在提升产品质量的阶段，特别是大多数规模相对较小的企业，还没有到打造品牌的阶段。

湖北省在品牌建设中呈现出来的特征，恰恰是中国诸多中西部地区的缩影。20 世纪 80 年代，中国的许多企业都没有品牌意识，普遍经历了从以贴牌代工生产为主，再到关注商标，最后打造品牌的阶段。这意味着，产业要发展到一定阶段、市场细分后才会萌生品牌意识，因此，中西部地区形成品牌的进程明显要慢于经济相对发达的东部地区。

政府主管部门人士向调研组分析说，区域品牌的形成，主要取决于当地产业结构和技术发展水平。对企业而言，从制造到创造，取决于企业占据的市场份额，是否从很低的位置攀升到高位，企业只有成长壮大后才会更加关注品牌建设。此外，区域在产业分工中有多大的市场份额，也决定品牌的形成。

湖北省在 2013 年发布的《关于推进品牌强省建设的若干意见》中提到，支持中小企业创品牌。鼓励企业通过商标出资、质押、并购、许可、转让等手段，挖掘商标经济价值，丰富品牌内涵，增强市场竞争力。选择二百家创新能力强、发展前景好的中小民营企业争创驰名商标、著名商标，加强对拥有驰名商标、著名商标中小民营企业的上市培育。

一方面，多数企业缺乏品牌意识，另一方面，与品牌培育相关的服务业发展相对较慢。调研组发现，行业协会、中介组织在湖北省品牌建设中发挥的作用有限，多方参与的品牌培育环境还不完善。

当地的一位分析人士称，沿海地区经济发展水平和产业结构与中部地区不同，当地维护品牌的任务重，更强调如何强化执法。而湖北还处于品牌的培育阶段，需要发掘更多品牌，培育和培养企业的知识产权意识。在某种程度上，湖北省还处在品牌的培育和启蒙期，政府可以发挥更多作用，未来行业自身、企业联盟、行业协会将发挥更大作用。

按照规划，湖北省将积极引导行业协会、中介组织参与品牌建设。支持各行业协会、商标协会、消费者委员会以及质量协会提供有关商标和品牌推广运营、职业技术培训、信息咨询发布、维权投诉协调等服务。规范商标代理活动和市场秩序，探索建立商标代理组织、代理人信用分类管理制度，引导行业自律，倡导诚信经营。

三、亟待提升的内生动力

虽然最近几年湖北的品牌建设大部分停留在学术和政府行为上，多数企业即便考虑品牌战略，也是主要考虑市场占有率和商标数量，但有压力才有动力，调研组发现，在诸多案例中，市场竞争已成为催生企业品牌意识内生动力的重要因素。

东风汽车集团是湖北省品牌意识较强的企业之一，其相关人士告诉记者，当外资以及合资品牌以更具攻击性的市场行动向原是自主品牌的领域发展时，品牌不强已成为中国汽车自主品牌市场份额下降的诸多原因中最关键的一个。因此，几乎所有的自主品牌企业都在加大对品牌建设的投入力度，通过梳理品牌结构、强化品牌内涵来提升品牌形象。

享受到品牌建设利好的企业，还在继续加大品牌建设的投入。调研组获悉，劲酒的品牌构建集中在两个层面，包括品牌策划与传播和产品策划与传播，两者被认为是母体和子体的关系，产品品牌有企业品牌背书，企业品牌会把产品品牌带出去。同时，向外传递企业的社会责任，打造品牌形象。

而对于一些缺乏意识的企业，行政力量的鼓励将能够起到积极的引导作用，但企业自身的内生动力还有待提升。

当地的一位官员举例说，武汉市的高新企业的品牌意识较弱，不少企业还没有意识到品牌的重要性，政府需要提示企业关注知识产权的建设，相关部门要承担起教育、引导和服务的职责。

国外成熟的品牌市场，政府力量通常退居幕后，承担着服务和引导工作，市场力量则更强大。未来湖北省的品牌建设是否能驶上快车道，关键在于企业的内生动力。在当地的一些观察人士看来，之前湖北省在品牌培育上采取原始的投入式发展，有效果但效益不好。

对于大多数企业，负面事件对品牌的伤害都是管理层关注的焦点。一些企业人士建议，在品牌的建设和保护上，要有保护性政策和倾斜性政策出台，防止以营利为目的伤害品牌。此外，还要有法律上的规范、对媒体的管控等，同时要建立考量机制，对品牌企业有认定标准，特别是在品牌受到冲击时，要有救济机制。

一个共识是，真正的品牌要有市场、技术含量，要有产品品质、技术标准，品牌要传播，才能形成国家品牌，哪一个链条都不能断。从这个意义上看，湖北省的品牌强省之路，破题的关键在于建立起行政之手和市场之手的接替机制，实现两者的力量转化。

（执笔：张一鸣、魏昊星、潘英丽，刊发于 2017 年 8 月 11 日《中国经济时报》，有微调）

湖北调查（4）· 问题与对策篇（下）

湖北迎来品牌建设窗口期

中国正在掀起一股从东部向中西部地区转移的产业浪潮，“十三五”后呈现出明显加速的趋势，地处中部核心地段的湖北省将迎来产业高速发展窗口期，如果能够抓住机会大力推进品牌建设，将有助于改善既有的品牌格局，但如果没有形成良性的运转模式，或将因此错过建设的机遇期。

《中国经济时报》调研组在湖北省调研时发现，湖北省已经历过早期品牌建设的高速增长阶段，正处在发展的中期，从数量的增长向质量的提升转变。一些大企业纷纷在湖北省投资建厂，但湖北省本土形成的品牌却相对较少，要在新一轮的产业转移中发挥品牌对地方经济的支撑作用，需要发挥政府、企业、市场的合力，着力于打造地方特色产业品牌。

一、与产业不匹配的品牌

中国纺织业，南有广东，北有湖北。湖北省的一些纺织品牌曾经与广东省的齐名，但经历过多年的发展后，却与广东省的一些品牌拉开差距。

湖北省经信委轻工纺织产业处处长黄敏鸿告诉调研组，湖北的服装起步于20世纪的80年代到90年代，品牌在20世纪90年代末出现，依托湖北比较好的产业基础，加上得天独厚的区位优势和独特的服装风格，快速发展，其产量居全国第九位，位居广东、江苏、浙江、山东、福建、江西、河南、安徽之后，其销售收入却在全国排名第一，但服装的外向度很低，全国的服装业外向度百分之四十以上，湖北只有百分之十几。

湖北省的旅游资源优厚，品牌的构建无法与资源匹配。

鄂旅投是湖北省为整合旅游资源，打造的大型旅游产业平台。在企业人士看来，东部沿海发达地区市场主体成熟，湖北省的经济发展不够，市场主体发育不充分，在旅游品牌的构建和传播上还有待完善。“湖北的旅游企业与沿海地区比，做市场做营销与先进地区比有差距，但这有一个后进追赶先进的过程，和湖北省所处的阶段有关系。”上述人士称。

湖北省地处中部核心区域，工业基础和经济基础在中部地区排名靠前，处在工业化的中后期，“十二五”开始湖北进入黄金十年，东部沿海向中西部产业转移，如果企业能够抓住产业发展的机遇期，将有利于放大湖北省品牌建设的成果。

纺织行业是湖北省的重要轻工业之一，服装设计人才毕业数量全国第一，2016年湖北省出台纺织行业结构调整的指导意见，着力比较多的是服装领域，希望促进湖北服装产业从贴牌时代向自主品牌时代转变，从湖北制造向湖北创造转化。

二、破题须打造产业品牌

随着一些企业越来越重视品牌建设，湖北省政府致力于发挥行业龙头企业的品牌示范和引领作用，着力于打造产业品牌，发展产业园区是主要的运作模式之一。

武汉市将江汉区打造成时尚之都，约7万平方米的红T将成为湖北省打造服装产业品牌的着力点，政府对红T给予专项支持，进入创意街区的设计师将得到国外知名时尚学校的合作机会。

武汉爱帝集团有限公司是湖北省服装行业的领军企业，也是红T的打造者，国内市场品牌连锁终端覆盖全国的营销网络体系，国际市场出口产品进入欧洲、美洲、大洋洲等地区的三十余个国家。公司的人士告诉记者，湖北省有国内知名的纺织大学和纺织学院，每年有3000~5000名毕业生，其中很多毕业生选择去一线城市就业，留在本地就业的很少，红T希望能够培育本土设计师，像锻炼艺人一样培养设计师，通过引进国际设计师，帮助本土的设计师实现在 2~3 年创建品牌，3~5 年打造自己的店。

爱帝品牌是全国重点跟踪培育服装自主品牌企业、全国工业品牌培育示范企业，调研组获悉，红 T 将重点深化研发工艺中心、营销展示中心和生产线自动化智能化的升级改造，成为集产品研发、营销展示、生产制造、物流配送于一体的现代制造基地。

地方政府希望能够通过产业带品牌，同时以产业集群的名义，发展地域性的产业带，政府相关人员认为，龙头企业通过品牌来提升行业品牌是湖北省未来构建区域品牌中需要重点着力的部分。

湖北省在《关于推进品牌强省建设的若干意见》中提到，要围绕地方主要支柱产业、龙头企业，打造产业品牌，比如发展提升制造业品牌、加强农产品品牌建设、加快培育服务业品牌等方面。同时推进品牌集群建设，以湖北传统支柱产业、优势产业为依托，培育形成 10 个行业性品牌集群；以高新开发区、工业园区、农业园区、服务业园区和关联产业连片区为依托，鼓励品牌抱团发展、板块式发展，培育形成光谷高新品牌区、汉江汽车品牌走廊、鄂东钢铁品牌群等 10 个区域性品牌集群；以“一主两副”“壮腰工程”“长江经济带”等重点发展地区为依托，培育形成一批品牌相对集中的地区性品牌集群。

黄敏鸿指出，一个地方行业的实力，除了靠品牌美誉度支持，也要靠行业美誉度带动。未来湖北省的服装业需要在产业结构调整，产品结构、技术、区域、企业结构调整上下功夫，要形成优化结构、品牌引领、龙头带动、集聚发展的态势。

三、亟待形成多方合力

湖北省制订了一个雄心勃勃的品牌兴省计划，以实现从量的增长到质的跃升。

2013 年，品牌经济占湖北省全省经济总量的 47%。按照湖北省之前在《关于推进品牌强省建设的若干意见》中的规划，到 2020 年，湖北省品牌价值不断提升，品牌经济占全省经济总量的 60% 以上。入围中国品牌价值 500

强的湖北省品牌新增5~7家，其中进入百强的湖北省品牌有3~5家，湖北品牌力争在世界品牌价值500强实现突破。品牌保护体制机制健全完善。行政执法和司法保护衔接顺畅，品牌行业保护机制和自律机制基本建立，市场主体自我维权能力明显提高，商标侵权行为得到有效遏制。

虽然企业、政府和消费者都关注品牌的培育，但三者的关注焦点并不一样，湖北省的品牌要实现从量的增加到质的增长的飞跃，需要形成三方合力。

对于湖北省的旅游企业鄂旅投来说，品牌传播的直接效益是游客人数增多，经济效益增长。2016年鄂旅投的经营收入同比增长34%，每年经营收入增长保持在30%以上，资产规模的增长也达到30%以上。品牌传播的间接效应是对地方经济的带动作用，旅游产业促进了鄂西地区的开发，通过发展旅游业实现了扶贫，为贫困地区创造了就业和收入，通过景区开发带动景区致富，其中沐抚山村庄通过流转土地和林地，村民在旅游景区就业，成为恩施地区最富裕的村庄。

事实上，品牌营销具有时效性。企业更看中能够带来多大收益，转化的效果怎么样；地方政府更看中品牌对地方经济的拉动作用；而消费者则希望能够从品牌的建设中得到实惠。

当地的观察人士认为，下一步湖北省品牌的发展，要激发企业的主体作用，政府要引导，部门要协调，社会要参与。首先，政府要在法制的基础上，引导企业关注品牌，出台一些激励性政策，鼓励企业有序竞争，同时教育消费者，尊重知识产权，引导消费者消费品牌产品，让假冒伪劣产品没有市场。其次，企业发展依靠品牌，在产品上要体现文化和审美，企业应通过公平竞争和法治的手段，体现品牌的价值。最后，消费者要有品牌意识，主动选择品牌企业的品牌产品，形成正向引导。

上述观察人士强调，市场需求是最权威和最有力的杠杆，如果品牌不能得到市场认可，那么并不能形成效益。因此，品牌建设的相关部门要做好法律法规政策的实施，提供给市场可预期的确定性，不能违背市场规律，要着力于打造良好市场秩序、营造和谐营商环境和科学执法。

（执笔：张一鸣、魏昊星、潘英丽，刊发于2017年8月14日《中国经济时报》，有微调）

四川调查（1）· 现状篇

四川：品牌意识正在觉醒

被誉为“天府之国”的四川省，因优越的地理条件和经济条件，成为我国经济开发较早的地区之一，同时，也造就了如五粮液、四川长虹、高金食品、郫县豆瓣、竹叶青茶等一系列耳熟能详的品牌。四川省工商局发布的数据显示，仅驰名商标这一指标，截至发稿前，四川省驰名商标总量就占全国驰名商标总量的3%，居西部第一位。

显然，成为西部排名第一的品牌大省并非四川的唯一目标，它正在成为全国品牌大省的道路上奋力前行着。不过，在我国品牌建设意识越来越强的当下，四川品牌究竟表现如何？企业会如何行动？政府部门又会如何发力？带着这些疑问，《中国经济时报》记者深入走访了成都、绵阳、遂宁等多个城市进行调研。

一、四川的品牌氛围渐浓

“行业里面的客户没有人不知道四川高金实业集团有限公司（以下简称高金），一说起来，从产品、质量、服务都非常认可，但是到消费者那块就断层了。”在接受《中国经济时报》记者采访时，一提到企业品牌的建设与传播情况，时任高金市场部经理张军峰就感慨良多。

作为四川省的百强企业之一，高金以猪肉加工立业，其猪肉制品的出口量曾远超双汇、金锣、雨润等品牌企业。然而近年来，在消费群体中，高金品牌却不如双汇、金锣、雨润等品牌被人熟知，与消费者“断层”的现象让张军峰很是苦恼。

如高金一般遭遇“断层”的四川品牌并不鲜见。《中国经济时报》记者在四川调研时发现，许多在四川省内小有名气的品牌，如红旗连锁，在省外却鲜为人知。“品牌真的太重要了，尤其是在当下的互联网时代，信息繁多，没有品牌的企业很容易被消费者遗忘。”在调研期间，不少企业主这样对记者说。

细化网络渠道、通过渠道导入品牌、与消费者沟通、进行体验式推广，这些是近年来高金在品牌推广方面作的调整。随着互联网的兴起、消费环境的变化，高金作为传统企业，还选择积极“触网”，一方面依托京东、天猫、淘宝、1 号店等电商平台销售产品，另一方面利用新媒体或自媒体推广品牌。

“不得不说，在打响品牌战后，我们的业务量也上到了新的台阶。”在尝到品牌带来的甜头后，张军峰这样评价道。

无独有偶，从军工立业、彩电兴业，到信息电子的多元拓展，四川长虹电子控股集团有限公司（以下简称四川长虹）已成为集军工、消费电子、核心器件研发与制造于一体的综合型跨国企业集团。这样一家知名企业，其品牌的建设与传播意识早就觉醒了。

时任四川长虹企划部部长刘海中告诉《中国经济时报》记者，自 1958 年成立以来，四川长虹就先后经历了“口碑传播—电视传播—网络传播”等一系列的变迁。“当下正值新媒体兴起，四川长虹也调整了品牌传播方式，不再走硬广线，而是更多偏向公关活动，利用新媒体与用户进行互动。”刘海中说。从世界品牌实验室发布的“2017 年中国 500 最具价值品牌”分析报告来看，截至 2017 年，四川长虹的品牌价值已经达到了 1319.75 亿元。

不仅是四川企业的品牌意识在觉醒，《中国经济时报》记者在调研过程中发现，四川的政府部门也对品牌的建设与传播分外重视，相关部门争相发力，为四川企业营造更好的品牌政策环境。

“商标先行，才能更好地保护企业的品牌发展。”在四川省工商局的会议室内，四川省工商局商标分局相关负责人告诉记者，商标就是四川省工商局推进品牌建设工作的重要抓手。

该负责人告诉记者，在“十二五”时期，四川省工商局就已经牵头组织实施了四川省人民政府办公厅下发的《四川省商标战略（2011—2020 年）》，把“实施商标战略、打造品牌四川”作为深入推进商标战略格局升级的创新实践，通过实施“个十百千”品牌梯级培育工程、开展“商标战略进园区”等举措，加强了四川省品牌的培育。

同样，在四川品牌的建设与传播工作上，四川省质监局也创造了 2016 年的“三个之最”。四川省质监局相关负责人颇为自豪地向记者解释说：“这‘三个之最’，分别是政策红利历年之最、改革创新历年之最、氛围营造历年之最。”

在四川调研的过程中，《中国经济时报》记者深刻体会到，在互联网时代，“酒香不怕巷子深”的说法早已成为过去式，闭门造车的结果往往是被社会遗忘甚至淘汰。企业需要主动宣传，积极营销才能更快地把握时机、赢得市场，而四川的政府部门和企业，显然早已深谙此道。

二、传统产业的品牌建设颇受重视

与沿海省份相比，四川省因地理、资源等因素，产业布局中仍分布着较多的传统产业。因此，重视、紧抓传统产业的品牌建设，成为四川省品牌建设工作中的一大特点。

仅以四川省的农业品牌建设为例。在 2017 年的“中国品牌日”上，时任四川省农业厅副厅长涂建华在介绍四川农产品品牌建设工作情况时就表示，四川省正在加快培育一批知名农产品品牌和区域品牌，推动“四川产品”向“四川品牌”转变，以此来提升四川农业的核心竞争力。

据涂建华介绍，截至 2017 年 5 月，四川省农业厅就已经组织申报“三品一标”农产品 1294 个，累计有效期内“三品一标”达到 5467 个（其中无公害农产品 3893 个、绿色食品 1310 个、有机农产品 110 个、农产品地理标志

154个），新建5个省级农产品地理标志核心保护区。

记者还了解到，四川省农业厅已经实施了“区域品牌+企业（产品）品牌”双品牌战略，培育了天府龙芽、四川泡菜两个省级大区域品牌，以及大凉山、广元七绝、天府源、遂宁鲜、华蓥山、江之阳、阳光米易等三十多个市（州）、县级区域品牌，打造了通威、新希望、高金、可士可、竹叶青、吉香居、郫县豆瓣、张飞牛肉、通威鱼等一大批企业（产品）品牌，做大中药材天地网、天虎云商、麦味网等一批电商品牌。

从已公布的数据来看，四川省农业厅还引导了新型农业经营主体申报创建中国著名商标、中国质量奖、四川省著名商标、四川省质量奖、四川省知名品牌等2000余件。可以看到，在推动“四川产品”向“四川品牌”转变的路上，四川省政府不遗余力。而政府的这一系列紧抓举措是否起到了实质性作用，企业也有着切身体会。竹叶青作为川茶代表之一，就曾受惠于这些紧抓举措。

时任四川省峨眉山竹叶青茶业有限公司数字销售总监吴英劼在接受记者采访时透露，在2014年，四川省委、省政府就提出了打造千亿川茶产业的战略目标，并将重点支持龙头企业发展写入了战略规划。乘此东风，竹叶青加速了市场拓展和品牌推广，在全国拥有250多家门店，遍布多个省市自治区，更以“中西文化交流大使”的身份进入欧洲市场，向世界知名品牌的目标迈进。

“事实上，四川省政府曾经多次邀请竹叶青参加国际上的一些会展，传播效果非常好。”吴英劼笑着告诉记者，“当下正逢‘一带一路’建设如火如荼，竹叶青作为代表四川、代表中国的一张茶名片，将会更加珍惜这一次的‘东风’。”

三、营造氛围成为传播品牌的突破口

“郫县的县花是杜鹃花，别名又叫山丹丹花。有句歌词叫‘山丹丹花开红艳艳’，我们的品牌名正是丹丹，大家都期望它能花开红艳艳。”时任四川省丹丹郫县豆瓣集团股份有限公司（简称丹丹集团）市场部经理岳先松在向记者介绍其企业品牌时笑着说道。

郫县豆瓣是我国的地理标志产品，属于四川三大名瓣之一，是厨房中常见的调味品之一。丹丹作为一家精深加工郫县豆瓣及川菜调味料的企业，在品牌传播上，瞄准了氛围营造。“请形象代言人、参加公益活动、打造企业文化展厅、积极拥抱新媒体等，都是我们近年来在营造品牌氛围上的举措。”岳先松说。

不仅企业喜欢营造氛围，在政府层面，四川省工商局商标分局相关负责人对于营造氛围助力企业传播品牌也是如数家珍：“我们一方面会通过培训、发放资料的方式，加大对商标注册的宣传；另一方面也会依托四川省的一些活动，如‘川货全国行’‘万企出国门’‘惠民购物全川行’等，还有中华商标协会的活动，如中国国际商标品牌节暨中华品牌博览会等，对四川的企业品牌进行宣介。除此之外，还会通过联合四川本地媒体开展讲好四川品牌故事、消费者最喜爱的四川商标评选等活动和途径来传播四川品牌。”

四川省质监局相关负责人也告诉本报记者，四川省质监局联合了四川电视台、《四川日报》、《中国质量报》等新闻媒体紧抓质量品牌宣传和政策解读，通过开辟《天府质量》栏目、举办第十六届中国西部国际博览会“四川名牌馆”展览展示活动等，加大对四川名牌产品的推广宣传。

除了四川省政府部门层面的布局外，在细化和落实方面，四川省各市政府部门也是因地制宜，摸索出了自己的品牌氛围营造之路。

成都市工商局商标分局副局长李宗卫告诉记者，从过去的强调品牌商标、产品商标建设，到近年来重视服务类、科技创新类、文化品牌类的商标培育，成都市的品牌战略正根据自身特色，从面向全市的普世战略转为分层培育、分类培育的针对性战略。在营造品牌传播氛围上，不仅设立了品牌战略联席会议办公室，还通过成都品牌网、成都市品牌黄页，与当地媒体合作征集品牌故事、发行品牌周刊等一系列举措，加强对成都企业的宣传。

无独有偶，遂宁市在营造品牌传播氛围方面，也根据地域特色，推出了“商标战略进园区”“商标强企”“商标富农”等战略举措。据遂宁市工商局副局长龙德智介绍，遂宁市工商局根据遂宁区域特点，挖掘本地特色农产品和特色工艺，指导其注册地理标志证明商标，并推出了遂宁鲜区域公共农产品品牌，有效带动了当地农民增收。

可以看到，在打造与“天府之国”齐名的品牌大省路上，四川省正顺应时代趋势，奋力前行着。

（执笔：胡畔、张丽敏、韩清华、张丽，刊发于2017年8月15日《中国经济时报》，有微调）

四川调查（2）· 瓶颈篇

提升企业品牌意识是四川品牌发展的关键

《中国经济时报》记者为了解四川品牌建设和发展走访了四川省成都市、绵阳市、遂宁市。

调研发现，虽然经过“十二五”时期的发展，四川品牌建设较之前有了显著提高，但是与消费者日益提高的品牌需求还有一定差距，原因表现为企业主品牌意识不强、产品质量不高、创新能力不强等。需要指出的是，四川是农业大省，农业品牌市场竞争力和知名度还有待进一步提升，现有知名品牌遭遇多重困境，干扰品牌发展。

一、企业主体品牌意识还需加强

“品牌建设离不开经济发展，也是经济发展的‘晴雨表’。从四川省商标品牌发展战略来看，四川省的一个特点是商标品牌主要集中在成都市。成都市的商标注册量占到了全省的近 50%。”四川省工商局商标分局相关负责人的一席话向记者道出了四川品牌发展的现状。

相关负责人认为，四川省内其他城市品牌建设相比成都市还有较大的差距，特别是经济相对欠发达的地区，品牌建设现在整体上还是处于较低水平。虽然政府十分重视，但企业主体本身品牌意识并不强。“有的企业连商标都没有，如何谈得上品牌创建发展和有效保护？还需要有效运用商标才能进一步提升企业的品牌知名度，提高市场占有率。”

对此，成都市工商局商标分局副局长李宗卫有类似的看法，“政府只能起推动作用，品牌建设的主体始终还是企业。”

李宗卫说，品牌战略发展的路径首先是建立企业产品品牌，再发展到产业品牌，产业品牌发展到一定程度就会产生区域品牌，而区域品牌经过进一步发展会成为城市品牌，然后成为国家品牌、国际品牌。因此，打造品牌的主体绝对是企业，如果企业不注重产品品牌的培养和发展，就谈不上后续发展。

“就算是成都市，也需要提高企业品牌意识。成都市的 GDP 在全国城市中属于比较靠前的，全球 500 强企业在成都已经入驻了近 300 家，但是本土品牌却发展得不好。”李宗卫不无遗憾地解释。

四川高金市场部经理张军峰从另一角度对记者表明了四川企业品牌意识还需加强，他说:“从公司品牌来看，高金从民营企业发展到如今已经 20 多年的时间，其实刚开始大家根本没有品牌意识，直到最近这几年，随着公司业务量增大，各种市场环境的变化，我们才意识到必须去提升企业品牌。”

与此同时，记者在调研中也发现，四川的企业许多没有专职的负责品牌相关工作的部门和人才，基本都是由市场部的员工兼职，而“专职”与“兼职”在一定程度上体现了企业对于品牌的重视程度，四川企业关于品牌部门设立的现状可以说从侧面说明了企业主体意识还欠缺。

对此，四川省峨眉山竹叶青茶业有限公司数字销售总监吴英劼接受《中国经济时报》记者采访时表示，企业是否重视品牌的发展，可以从企业主愿意花多少精力和多大的成本去聘请品牌建设、传播方面的人才中得知，毕竟品牌的发展归根结底还需要人去执行与落实。

二、农业品牌优势缺乏开发利用

众所周知，四川省是农业大省，因此，谈论四川省的品牌，就需要特别关注农业品牌。

据了解，到 2016 年，四川省农业产业化经营龙头企业有 8873 家（其中国家级 60 个、省级 714 个），3943 家规模以上农产品加工企业累计完成工业总产值 11301 亿元，同比增长 7.6%。

四川省农业厅副厅长涂建华曾在介绍四川省农业品牌建设情况时提出，虽然四川农业品牌取得了一定成绩，但还面临一些问题。他表示，四川农业品牌一是品牌同质化现象突出，品牌声誉不响，缺少精品极品，"小、散、乱、弱"现象还较为普遍；二是品牌理论、文化、策划、交易、服务等软实力建设还较为缓慢；三是新型农业经营主体的品牌发展与知识产权保护意识还较为薄弱；四是品牌管理、研究、营销、推广等人才还较为短缺。

"虽然政府多年来都在进行品牌宣传推进，但还是感觉企业在品牌宣传方面不够重视，特别是一些公共区域品牌（这里指农业品牌）。"四川省工商局商标分局相关负责人有着相似的看法，其他类似品牌也都在依靠政府推动和宣传，企业并未打造自己的自主品牌，造成"精品"变"普通"的遗憾局面。该负责人认为现阶段部分企业没有充分发挥地标品牌的价值，企业需要重视自主品牌的打造，才能将公共区域品牌做大做强。

事实上，与同为农业大省的山东省相比，四川省在农业品牌打造上，亦需要加大力度进行开发。资料显示，早在 2014 年，山东省销售收入过 500 万元的农业龙头企业数量达 9220 家，实现销售收入 14975 亿元。

与一些省份相比，四川农业品牌相对缺乏开发，省内不同区域也存在品牌发展差异，一些地区农业较为发达，但品牌意识相对欠缺。以遂宁市为例，记者在调研中了解到，遂宁市作为农业城市，有不少优势特色农产品，但农产品商标数量不多，截至发稿前，农产品商标 1256 件，而全市各类有效商标注册一共 7762 件，农产品商标仅占 16.18%。

"我们虽然是调味品行业的知名企业，但与一流企业比还是存在着明显差距。"时任丹丹集团市场部经理岳先松以自身实例向记者表明了四川农业品牌进一步开发的需要。

据悉，丹丹集团创立于 1984 年，总部位于享有"川菜之乡"美誉的郫县中国川菜产业化园区，是一家集原料种植、"郫县豆瓣"及川菜调味料精深加工、品牌营销于一体的农业产业化重点龙头企业。

岳先松表示，相比于行业内的一流企业例如海天调味食品股份有限公司、李锦记集团，丹丹集团在品牌、产品、渠道、人才、产能等方面都存在差距，想要迎头赶上不是短时间内可以实现的，需要付出长期的努力。

三、多因素困扰知名品牌发展

对于知名品牌未来的发展，记者在调研中了解到，政府的政策支持力度不够、市场不够健康损害企业品牌、品牌建设传播人才缺乏等问题还困扰着企业。

“企业毕竟是个体，实力有限，特别是资源整合这块，政府在整合能力上肯定更强，如果可以结合起来，肯定更利于发展。”岳先松对于企业的发展表达了这样的诉求。

如今丹丹集团正在布局全球市场，因此，岳鹏认为，政府给予企业更多的平台、机会，再加上政府在政策和资金上的扶持，对于企业品牌站稳国内脚跟走出国门将非常有利。成都珪一食品开发有限公司相关负责人表达了相似的观点。

而高金食品则遭遇了不一样的障碍。张军峰告诉记者，由于高金食品属于地方性品牌，尽管迎来了众多认可，但由于食品行业竞争激烈，存在小企业的恶性竞争，用低成本来抢占市场份额，这给企业造成不小的压力，“希望未来可以有行政措施出台，让市场的竞争环境更公平一点。”同样“被”恶性竞争的还有四川长虹和竹叶青。

时任四川长虹企划部部长刘海中在记者一迈进其位于四川省绵阳市的总部时就忍不住说：“假冒伪劣太猖狂，都到四川长虹发源地了。”据悉，就在记者采访的当天，有人利用宾馆为场地冒用四川长虹品牌销售假冒伪劣产品，进行所谓的优惠销售，欺骗消费者。

“在电商平台上冒充竹叶青品牌的有很多。我们也在积极和四川省工商局、各大电商平台进行沟通，加大力度打击假冒产品。”吴英劼表示。刘海中、吴英劼一致认为，国家应该对致力于打造知名品牌的企业给予更多的政策支持。

另外，四川瑞云投资有限公司董事会董事周国华提出，相关专业人才的缺乏目前是企业品牌建设、传播过程中面临的很大的困境。他指出，建立民族品牌，先有品牌意识，可有了意识之后整个品牌体系的构建还需要上到政策、下到企业自身的战略定位，然后还必须有团队和人才来作支撑和保障。周国华以其旗下天府红谷项目为例，他表示，这个项目的品牌构建方面，人才非常缺乏，以至于在设计品牌、定位品牌方面都不是特别顺利。

（执笔：韩清华、张丽，刊发于 2017 年 8 月 16 日《中国经济时报》，有微调）

四川调查（3）·对策篇

四川品牌建设的“三步走”思路

品牌意识较弱、品牌含金量不高、在互联网下做品牌难等，都是《中国经济时报记者》在四川省调研过程中所发现的问题。在建设与传播品牌的过程中，四川省该如何应对这些问题？四川省的政府、企业、专家们提出了“三步走”思路。

一、第一步：加强宣传力度“破”品牌意识较弱

“培养四川企业的品牌基因和创新意识，是推动四川品牌建设与传播进程的重点。”西南财经大学教授、成都市政府品牌发展顾问唐小飞在接受《中国经济时报》记者采访时表示，进一步提升四川产品的价值和影响力，走品牌化道路是必然的选择。因此，提高四川企业的品牌意识是首要任务。

四川省工商局商标分局相关负责人告诉记者，对于如何提高企业的品牌意识，四川省政府层面已经有了应对之策。他提到，从整体来看，加强宣传力度是核心要点。具体来看，则可从三个方面着手。

第一，通过政府引导、协助、组织，多元化搭建实施品牌战略的长效宣传平台。通过整合资源，拓宽宣传渠道，全方位、多视角宣传四川的品牌建设成效，营造出四川“重品牌建设”的社会氛围。

第二，分阶段、分类型对企业进行侧重点不同的宣传。

该负责人举例说："对大企业、大集团，要着重宣传帮助其解决制约品牌提升和运用的问题；对出口型企业，要着重宣传帮助其了解相关国际贸易、涉外知识产权保护法律规定，用好参与国际市场竞争的策略；对中小企业和成长型新兴企业，要着重帮助其提升专利、商标品牌等基础管理水平。"

第三，加强创新培训模式。通过在各级党校开设品牌培训课程或专题讲座、高端论坛等方式，加强对领导干部的品牌观念、战略动向、法律制度等培训，增强领导干部的品牌意识，从而促进四川的品牌建设工作再上新台阶。

总而言之，营造"重品牌建设"的社会氛围，是四川省政府唤醒四川企业品牌意识的重要手段。

二、第二步：突出培育重点提高品牌含金量

"围绕主导产业抓好品牌培育，围绕重点行业抓好品牌建设。"这是四川省政府在推动四川品牌迈向中高端、提高品牌含金量的两个重要抓手。

《中国经济时报》记者在四川调研期间看到，四川作为农业大省，物产丰富、种类多样、种养业特色鲜明、优势明显。因此，抓好农业品牌培育，是推动四川品牌发展的重要内容。

在 2017 年的"中国品牌日"上，时任四川省农业厅副厅长涂建华就对如何建设四川的农产品品牌，提出了三条建议。

第一，大力开展品牌农产品市场拓展活动，组织开展优秀区域品牌和优质品牌农产品推选推荐等专项活动，组织举办茶博会、菜博会、农交会等国内外农业展会和"川货全国行""万企出国门"等市场拓展活动，帮助企业加大农产品品牌宣传推介，拓宽营销渠道，塑造品牌形象，引领"川"字号农产品开拓国际国内市场。

第二，建立健全农产品市场信息服务网络，全方位开展农产品产销信息收集整理、分析预测、研究发布，科学引导企业、基地、农民按照市场需求组织品牌农产品生产，加大品牌农产品营销力度。

第三，积极实施"互联网 +"四川农产品行动，瞄准电商大市场，抢占

新生代消费市场，打造一批农产品电商品牌，促进品牌农产品线上线下双向流通和营销。

围绕主导产业，四川正在抓品牌培育，而围绕重点行业，四川各市政府部门也因地制宜，根据各地不同的行业发展现状，制订了相应的品牌发展计划。

例如，遂宁市工商局副局长龙德智在接受记者采访时就透露，遂宁市正在研究制订“十三五”以及今后较长一段时期内具体可行的商标品牌创建计划，对重点行业、重点企业和重点商标进行重点培育，形成知名、著名、驰名三类商标品牌创建的梯次结构，做大第一梯队，做强第二梯队，培育第三梯队，为发展品牌经济提供有力支撑。

三、第三步：积极转型创新“破”企业做品牌难

“当下正是互联网飞速发展的时期，媒介碎片化严重。在这一背景下做品牌，对于每个四川企业而言，都是一个难题。”四川省文化品牌发展促进会秘书长周毅在接受记者采访时这样评价道。“要在碎片化的媒介中做好品牌，最重要的一点就是创新。”周毅说，一方面，企业本身要有品牌的创新意识，领导者的思维是关键；另一方面，企业的品牌传播要符合互联网传播的规律，要利用互联网的规律来办事情，让专业的团队进行有效的应用，这才是真正意义上的转型。

周毅强调，在碎片化的媒介环境中，企业要传播自己的品牌，使之真正到达消费者心里，最关键的是企业的创新意识，以及如何抓住消费者的心理。

例如，四川省的蜀绣、蜀锦声名远扬，一方面是其本身的质量有保障，另一方面是其中蕴含的故事能打动人心。“故事，特别是人物的故事，最容易传播，对人的影响也最大。所以，企业在传播品牌时，要有一个故事情节，让故事引起消费者的共鸣，从而让其记住企业的品牌。记住品牌，实际上也就是记住了企业和产品。”周毅说。

实际上，从《中国经济时报》记者在四川走访调研的情况来看，许多四

川企业已经深谙品牌创新之道。

“在品牌建设上，我们既练外功，又练内功。”四川省丹丹集团市场部经理岳先松告诉记者，练外功，就是请形象代言人、参加品牌推介会、广告宣传等常规打法；练内功，则是成立技术中心，通过与高校、食品工业机构合作来引进最新技术，进行产品的开发、升级和换代工作。

同样，四川省峨眉山竹叶青茶业有限公司数字销售总监吴英劼也告诉记者，多年来，竹叶青在坚持传统制茶手艺和现代工艺相结合的同时，还不断创新保鲜技术，不停提升茶品检测标准，在传承和创新之间，走出一条独属于竹叶青的平衡之路，使得竹叶青成了代表四川的一张茶名片。

“在新媒体时代，四川长虹调整了品牌传播方式，不再走硬广线，而是更多偏向公关活动，利用新媒体与用户进行互动。同时，我们扩大产业布局，从生活中的每一处细节贴近消费者。”四川长虹企划部部长刘海中这样概括长虹的创新之道。

总而言之，四川省正在通过“三步走”战略，向着品牌大省前进。这是《中国经济时报》记者在四川调研后的切身体会。

（执笔：胡畔、张丽敏、韩清华、张丽，刊发于2017年8月18日《中国经济时报》，有微调）

四川调查（4）· 案例篇

四川长虹：老将的品牌创新之路

四川长虹作为家电品牌风靡一时，早年间不少人都会以能买到长虹牌电视而自豪，因此，当记者踏入长虹绵阳总部的那一刻，面对着一部长虹的"发展史"——产品陈列室，脑海就禁不住浮现了这些回忆，也更渴望探寻其品牌故事。

四川长虹成立于1958年，其前身是国营长虹机器厂，是当时国内唯一的机载火控雷达生产基地，经过了几十年的发展，四川长虹已经由军工立业、彩电兴业，发展到信息电子的多元拓展，现今是集军工、消费电子、核心器件研发与制造于一体的综合型跨国企业集团，随着行业技术的不断迭代，四川长虹正快速布局人工智能，打造极致的用户体验从而进一步提升品牌价值。

记者获悉，2016年，长虹品牌价值达1208.96亿元，稳居中国电子百强品牌第七位，在中国企业500强排名第141位，居中国制造业500强第64位。2017年，四川长虹继续稳健增长，品牌价值达到1319.75亿元。

一、技术是品牌建立的核心

长虹品牌的建立，"军工"是基础。在20世纪五六十年代，国家开始在西部建设军工研制基地时，四川长虹开始筹建。而四川长虹实现真正的增长，来自1970年电视技术的引进，也是四川长虹发展壮大进程中重要的彩电兴业。资料显示，这之后，四川长虹依靠研制出高品质彩电产品，拓宽产业规模、扩大品牌影响力度，最终实现了“保军转民”。

四川长虹企划部部长刘海中认为是消费者赋予了长虹价值。以电视为例，市场上的长虹牌电视机保有量超过1.5亿台，并且以每年1000万级的量持续增加，即我国平均每三个家庭里就有一个家庭使用长虹电视，这些人通过长虹电视感受到了新技术带来的便捷体验和增值服务，长虹通过持续迭代新技术产品赋予了广大民众美好的生活价值，并形成了良好的口碑，这是品牌的力量所在。

但如果就这样简单地定义长虹品牌所蕴含的意义，并不足以阐述长虹品牌如此高的接受度。

“事实上，我们的品牌涵盖了整个企业的战略、产业、技术、制造、管理、营销、服务等环节，而在整个体系中，技术是核心。”刘海中表示，技术决定了产品的个性化特质和良好的用户体验，通过好产品品牌与企业和社会进行沟通，让社会可以感受到企业的存在价值。从这个角度来说，技术让品牌拥有了品牌效益，可这并不是全部，它是企业战略、产业、管理、市场、服务等元素的综合表现和结果。

记者在采访过程中发现，长虹品牌发展的背后还离不开企业文化的支持。“我们的企业文化有三个核心理念。”刘海中说。

第一，核心价值观。长虹以“敬业担当，同创共享”作为品牌的核心价值观，努力创造出优质的产品，以此给社会带来良好的服务，这样消费者、股东和股民才会回馈企业，进而企业才会让员工的付出有收获。据悉，整个公司拥有约1000亿元的销售规模，9万名员工，其中绵阳本部超过4万人。

第二，企业愿景。未来四川长虹成为什么？“我们希望成为受人尊重的企业。”对于如何让人尊重，刘海中解释道，消费者购买的长虹产品，品质好、服务好、体验好是基础。同时，要做一个对投资商、供应商，对社会各界有所贡献的、负责任的企业。“这是一个品牌企业的理想、追求。”而现今也许四川长虹离成为受所有人尊重的企业还有距离，但其并未放弃努力。四川长虹成为“一带一路”建设的典范，这在一定程度上说明，四川长虹已经成为四川省，乃至中国品牌国际化发展的一个范例。

第三，使命。长虹将这份使命定义为“为消费者创造有想象的产品和服务”。在这个品牌理念上又分为对外和对内两部分。对外，长虹主张“让想象发生”（你的想象通过我的创新、创造和我的努力，帮你实现）；对内，依靠企业本身具有的技术力、创新力为消费者提供更前沿的产品和服务，例如，推出 CHiQ（启客）系列人工智能产品。

二、智能化应用迎品牌变革

“互联网 +”风靡的当下，家电业一样迎来了地震，智能家电“忽如一夜春风来，千树万树梨花开”。智能家电的迅速走红，动摇了原有的家电生产模式和行业格局，新的家电格局在形成，新的行业产业链在崛起，那四川长虹在这一场变革中又该如何持续保持品牌的价值?

四川长虹董事长赵勇曾经表示，基于互联网，面向物联网，智能化是行业的又一次革命。因此，2013 年，四川长虹就全面启动了智能化变革，建立起智能化、网络化、协同化的“三坐标”智能战略，开始全面系统推进产业的智能化转型。

由此，四川长虹开始了在智能化背景下以智能化应用巩固并进一步发展品牌之路。

但记者注意到，近年来，互联网型企业入局智能家电，给四川长虹的智能化布局带来了新的挑战，市场中品牌占有率也面临不小的压力。“智能化应用可以帮助长虹品牌突出重围，特别是 CHiQ 系列人工智能产品的全面上市。”刘海中向记者释疑。

他说，四川长虹具有互联网型企业不具备的优势，第一,四川长虹拥有自己丰富的硬件产业链，军工品质的智能家电质量过硬于其他品牌的；第二，四川长虹是做智能技术基础研发的企业，所以在智能化应用领域会走得更快，而智能化应用可以让产品除硬件以外的内容和服务实现快捷、宽泛的交互，比如在语音交互、体感交互，甚至意念交互领域，四川长虹都已经开始布局。

同时，伴随着智能化而来的，还有数据运营。在这方面，四川长虹亦有较深入的涉及，并成了企业品牌在变革中站稳脚跟的助力。

“我们建立了物联运营支撑平台，叫作 UP 平台。”刘海中介绍说，这个平台是一个开放的数据运营平台，既面对消费者、制造商、内容提供商、服务商，也直接对接智能产品终端，既是一个数据采集、整理、分析的平台，也是一个内容分享、在线交易、共同开发的联合运营平台。UP 平台拥有用户中心、设备中心、支付中心等二十一个能力中心及能力开放平台，在此平台上，友商、第三方开发者、创业公司等可实现平台共享、能力共享，从而大大提升合作伙伴的物联数据运营效率，获取用户行为数据，实现终端设备的自动响应与服务，并根据用户需求进行大规模个性化定制。

此外，刘海中表示，为适应新形势下的品牌建设工作，四川长虹在集团层面全面推行集团、产品公司、驻地分公司三级管控的品牌管理模式，在品牌推广层面，集团工作重点放在了企业形象传播和宏观品牌活动上，而把产品品牌的主要工作下放到各产品公司，以更加贴近市场，贴近用户。

（执笔：张丽敏、胡畔、韩清华，刊发于 2017 年 9 月 8 日《中国经济时报》，有微调）

四川调查（5）· 新闻报道：案例篇

竹叶青：全面布局，不止做四川的茶名片

“竹叶青这个茶品牌，是中国茶行业中第一个开启品牌化运作的茶品牌，经历了十多年的持续投入和品牌运作，现在可以算是茶行业内的标杆了。”在成都的一家竹叶青论道生活馆内，四川省峨眉山竹叶青茶业有限公司市场部数字营销总监吴英劼一边泡茶，一边骄傲地告诉《中国经济时报》记者，“不仅是在茶行业内，只要是基本了解茶或是四川本地的人，都知道竹叶青这个茶品牌。”

从 1964 年竹叶青得名，到 1998 年企业坚实起步，再到 2001 年完善企业渠道策略；从 2002 年，提出“平常心”的品牌传播策略，再到 2007 年，以“中西文化交流大使”的身份进入欧洲市场……时至今日，竹叶青不仅确立了自身独特鲜明的营销策略，也改变了整个四川茶叶行业的品牌销售模式，一举成为业内的领导者和领跑者。

经过约 20 年的品牌积淀和创新发展，在品牌建设与传播方面，竹叶青已经摸出了自己的门道。

一、以四川为试点进行全面布局

作为竹叶青市场部的数字营销总监，吴英劼在谈及竹叶青多年的品牌发展历程时，显得驾轻就熟、信手拈来。“我们先是以四川为试点，在省内进行

全面布局。在这十多年内，我们把几乎所有品牌传播中可能涉及的资源，都在省内进行了运用。”吴英劼对记者说，“比如，在四川本地媒介上投放广告、与其他知名品牌进行公关合作、请代言人等，效果都非常好。”

与此同时，竹叶青还借着四川省委、省政府在2014年提出打造千亿川茶产业战略目标的东风，进一步加速市场拓展和品牌推广，不仅立志做代表四川的茶名片，还将目标进一步扩大到了全国。吴英劼告诉记者，近几年来，竹叶青一直尝试着拓展全国市场、提高在全国范围内的品牌知名度。

“比如，在央视继续追加广告投入，让以北京为代表的全国市场能够通过央视的宣传知晓竹叶青。同时，我们还与北京的一些知名品牌进行公关合作，以此提高竹叶青的市场知名度。此外，我们还想借助‘一带一路’的契机，将竹叶青推出中国，走向国际市场。”吴英劼举例说。

记者还了解到，与在四川本地以传统媒体为主要传播途径不同，在全国范围内，除了在央视投放广告这一传统途径外，竹叶青更偏爱通过新媒体进行品牌宣传。

对此，吴英劼解释说，新媒体算是覆盖全国的长尾市场，与其他宣传途径相比更为划算。“一般我们做全国的长尾市场投放，主要通过两种渠道。一种是央视，我们把它作为覆盖全国电视类的传播渠道；另一种就是新媒体，我们在新媒体上的投入占到了全年营业收入的10%~12%，在传统企业中，属于对新媒体投入占比较大的企业了。”

2017年春茶营销大战，竹叶青打造了24小时春茶互动体验，将第一杯春茶的上市告知、春茶早快鲜美的深度体验及线上购买，成功融入移动用户的轨迹。电商整体销售较2016年同期增长300%，京东春茶品类，竹叶青夺得同期销量第一，竹叶青成功抢占春茶市场，成为春茶营销的领先品牌。

二、专业团队主动拥抱新媒体

与传统媒体的“好控制”不同，新媒体的传播具有不可控性，传播方式也是千变万化，这让许多习惯了通过传统媒体进行品牌传播的企业无所适从。

但对于竹叶青而言，新媒体时代的到来，反而给品牌带来了新的机遇。

“当一个行业的产品同质化竞争到一定程度时，所有的差异化都是来自传播的差异化。这些年来，我们一直在尝试不同的营销创新，带给用户不同的体验。当下正是新旧媒体交错的时代，我们理所当然地选择了主动出击。”吴英劼说。

主动拥抱新媒体，使竹叶青在同行的品牌传播竞争中脱颖而出，这在很大程度上，得益于企业拥有专业的品牌团队。吴英劼向记者透露，在被聘请到竹叶青进行品牌传播工作前，她就职于一家 4A 广告公司，是一名专业的品牌建设与传播人才，对如何进行品牌营销轻车熟路。

“一旦下定决心要通过新媒体来传播品牌，就应该有传播不可控的心理预期，也要接受因此带来的一些新变化、新玩法。在新媒体时代下，品牌的容错率会比在传统媒体时代高一点，消费者的容忍度也没有我们想象中那么脆弱，所以品牌营销应该放轻松一点。”吴英劼向记者传授经验。

例如，在互联网时代，各类消息五花八门，竹叶青有时会被误伤，这时候通常是先“晾一晾”，并不刻意去做第一个发声的人。随后的事实证明，公众的关注度并不会持久，很容易被其他的热点带走，事态自然而然就平息了。

不过，吴英劼也强调，如果是对于关注度特别高的话题，及时澄清是必要且有效的。面对新媒体所带来的不可控，要学会区分情况、正确应对，既不用过分在意，也不能完全轻视，要把握好其中的“度”。

三、不让品牌成为老板的“一言堂”

“当前，企业在品牌传播上有一个很大的误区，就是许多企划人员认为，企业的品牌就是企业家心目中的品牌。”吴英劼说，品牌成为企业家的“一言堂”，抑或是企划人员迎合企业主的爱好，这些都是很多中国企业会陷入的误区。

吴英劼解释，之所以许多企划人员这样认为，一方面，是因为企业的配套设施不完善，企业家通常是一个企业的决策者，容易出现企业家的观点就是市场策略的情况；另一方面，是因为“一言堂”下的企业品牌受限于企业家本人的文化程度、审美修养以及专业修养，通常难以在激烈的市场竞争中保有一席之地。可以说，企业家对于企业品牌的建设与传播起到了至关重要的作用。

“幸运的是，竹叶青的企业家非常重视品牌传播，也很尊重专业的品牌人才，会容许品牌试错。老板从不将自己在品牌上的想法强加给我们，即便是存在观点冲突，老板也会选择尊重并试着理解他人的观点，这是许多企业家很难做到的事情。”吴英劼感叹道，正因为如此，竹叶青这个品牌才能经过十几年的稳扎稳打走出了独特的风格。

（执笔：胡畔、张丽敏、韩清华、张丽，刊发于2017年9月12日《中国经济时报》，有微调）

致　谢

本书是“中国品牌价值提升工程”的子课题“品牌传播研究”的成果结集。在财政部的大力支持下，原国家质量监督检验检疫总局2016年正式批准设立了“中国品牌价值提升工程”项目，由中国品牌建设促进会牵头组织实施。这个项目包含十三个子课题，目的是针对我国优势特色产业，集各方之力，对品牌价值提升的相关问题进行系统、全面研究，提出比较全面、客观的品牌价值提升路径和对策，以及品牌培育机制和政策建议。

整个研究项目工程浩大、名家众多，院士、教授云集。全国人大常委会原副委员长张平担任项目指导管理委员会主任；中国工程院原院长周济，国家发展和改革委员会原副主任徐宪平，国务院发展研究中心副主任隆国强，原国家质量监督检验检疫总局副局长、中国品牌建设促进会理事长刘平均等担任副主任；来自各部委的相关领导担任委员。项目专家组由两院院士王越担任组长，著名经济学家厉以宁担任顾问。

作为“中国品牌价值提升工程”研究项目的提出人和组织实施者，刘平均理事长邀请当时在《中国经济时报》工作的我牵头开展“品牌传播研究”子课题的研究。在历时数年的研究过程中，我和课题组成员们一起，常向专家领导们请教，深入讨论研究内容，奔赴多省实地调研，齐心协力，数易其稿，如今终到付梓时刻。研究过程虽艰辛，收获却丰，故甘之如饴。看完最后一遍书稿清样，手捧这部包括14篇研究报告、21篇人物访谈、5篇调查报告、23篇六省调研新闻报道的厚厚书稿，思绪万千。回首过往，感激之情禁不住涌上心头。

感谢国务院发展研究中心党组书记马建堂先生。他给课题研究提出了重要的指导意见，通读了课题成果，并亲自给本书作序，这是对课题研究的充分肯定和极大鼓励。

感谢中国品牌建设促进会理事长刘平均先生。若非他的诚意相邀、充分信任和大力支持，便不会有这项成果的顺利进展、圆满完成。

感谢两院院士王越先生，中华全国新闻工作者协会原党组书记、常务副主席翟惠生先生，国务院发展研究中心副主任隆国强先生、余斌先生。从研究架构的搭建、课题组织，到研究报告的写作，他们的专业指点和经验分享让课题组获益匪浅。

感谢课题专家委员会的各位老师们、朋友们。他们有我的国务院发展研究中心同事：赵昌文、王忠宏、王辉、包月阳，还有来自其他机构的师友：才大颖、董关鹏、杜建刚、胡钰、廖菲、彭泗清、余明阳等。他们在开题、调查、研究过程中对这个课题的热情关心和无私帮助，常让我们感动感激，铭记在心。

感谢参与课题研究的各位专家：来自国务院发展研究中心的陶平生、蒋希蘅、高庆鹏、李曜坤，来自高校和社会智库的胡百精、王擎、刘菁、谭晓东，以及来自传媒业的孙明泉、董盟君、王洪波等诸位师友。还要感谢来自各机构的研究人员和研究助理：杨崇伟、周晓辉、徐谭、颜冬、邵靖隆、任超、徐晶琳。在课题研究的这几年里，他们是良师，是益友，不仅给了我专业研究上的支持帮助，也让我体会到友情的温暖和家人般的关爱。

感谢中国标准化研究院标准信息研究所所长、研究馆员卢丽丽女士，时任中国品牌建设促进会副秘书长的她在课题协调和研究方面的悉心帮助和支持，在保证课题流程顺利推进等方面发挥了重要作用。

感谢中国发展出版社党总支书记、社长、国研智库董事长王忠宏先生和中国经济时报社党委书记、社长兼总编辑王辉先生。他们两位是当时中国经济时报社的社长、总编辑，没有他们两位在报社人员调配、资金使用等方面的大力支持，就没有这个课题的顺利完成和研究成果的广泛传播。

感谢积极参与课题调研的中国经济时报社的各位同事们：陈婧、陈凌馨、窦滢滢、郭锦辉、韩清华、胡畔、黄俊溢、姜业庆、龙昊、罗赟鹏、马会、潘英丽、王晶晶、王静宇、王丽娟、魏昊星、张海生、张李源清、张丽、张丽敏、张娜、张一鸣、赵海娟。他们不仅采访了20多位品牌传播权威专家，还分赴广东、江苏等6省18市深入调研，写出了大量优秀新闻作品和调研报告，其中多篇获得媒体行业大奖，使课题研究接着地气儿、带着露珠儿。

感谢课题协调人中国发展出版社总编室主任、时任中国经济时报社政经部副主任的赵海娟以及中国经济时报社财务部的张起荣、邢士芬、杨凯凯和总编室的石岩。他们在处理这个课题大量烦琐、具体事务时所表现出的耐心细致，令人称道。

感谢中国财富出版社有限公司王波社长、李如编辑，还有我在中国发展出版社工作时的同事宋东坡先生。因为他们的辛勤付出和精心编辑，本书得以顺利出版。

感谢所有为这个课题、为这本书付出关爱、做出贡献的朋友们。恕我不能一一点名。这一路能与你们同行，真乃人生幸事。

还要感谢我的家人。在我忙于日常工作和课题调研而不能为家庭多尽职责的时候，他们选择毫无保留地理解和支持。

虽然已是尽心尽力，受能力和水平所限，加上研究工作历时较长，本书难免存在种种不足和缺憾，敬请各位读者批评指正。

李慧莲

2022年2月25日